PRÉPARER ET ANIMER UN WORKSHOP

Éditions Eyrolles
61, bd Saint-Germain
75240 Paris Cedex 05
www.editions-eyrolles.com

Illustrations p. 15, p. 86, p. 104, p. 107, p. 126, p. 158 et p. 191 : FiX
Illustrations p. 69 et 70 : Nine Perrard

Mise en pages : Sandrine Escobar

ISBN : 978-2-212-57388-6

Frédéric Rey-Millet
Arnaud Fontanes • Nicolas Perrard

Préparer et animer un workshop

(R)animer vos réunions et séminaires

Éditions EYROLLES

À Nine. À ses victoires - Nicolas

À Virginie mon épouse, à mes enfants Paloma et Barthélemy - Arnaud

À ma tribu, pour tout ce qu'il nous reste à faire ensemble... - Frédéric

SOMMAIRE

INTRODUCTION

En quarante ans de carrière, un cadre français consacre seize années à se réunir (source : Hautes Études de l'Entreprise, 2013).

En tant que tel, le fait de se réunir n'est pas un problème.

Se réunir est indispensable pour nos équipes et nos entreprises. Sans moments collectifs, la coopération, l'inclusion, la communication et, n'ayons pas peur des mots, la démocratie, seraient compromises.

Si les réunions sont essentielles, pourquoi 75 % d'entre nous déclarons y perdre notre temps (étude Cadréo 2017) ? La même étude indique que 33 % des participants ont déjà piqué un somme durant un meeting.

Bref, ces réunions pourraient être une joie et elles sont trop souvent une peine…

Nous devons nous débarrasser :

- des réunions inutiles ;
- des réunions utiles, mais improductives, soporifiques et déprimantes ;
- du temps perdu en réunions.

L'objet de ce livre, en proposant des attitudes et des **techniques issues de workshops que nous avons animés**, est de **vous apporter des réponses concrètes pour éradiquer ces trois problèmes**.

Une dernière raison pour vous convaincre de l'importance du sujet : le coût. Pour paraphraser un célèbre chef d'État français, se réunir, « cela coûte un pognon de dingues !!! ». Steven Rogelberg, dans son ouvrage *The Surprising Science of Meetings*[1], révèle que le coût des réunions inutiles est estimé aux États-Unis à 250 milliards de dollars par an. À l'échelle de la France, ce chiffre approche 40 milliards d'euros par an.

À QUI S'ADRESSE CE LIVRE ?

Ce livre s'adresse à celles et ceux qui animent tout type d'instances : dirigeants, cadres et chefs de projet, quel que soit leur niveau hiérarchique. Il intéressera également les consultants et les coachs dont la mission est d'aider leurs clients à développer leur leadership et le travail en équipe. Enfin, il est destiné aux DRH et aux directeurs de la transformation dont la mission est de faire évoluer la culture de leur organisation.

COMMENT EST CONSTRUIT CE LIVRE ?

Ce livre vous présente 48 règles d'or. Certaines concernent tous les types de réunions, d'autres portent plus spécifiquement sur les formats longs (plus d'une journée), que nous appellerons séminaires.

Il s'appuie sur quinze années d'animation de réunions (20 000 heures de pratique) au sein du cabinet Ethikonsulting, précédées par vingt années d'apprentissage par essai-erreur et d'observation dans les grandes entreprises.

Le contenu de ce livre se fonde sur un travail d'étude, notamment pour **identifier précisément ce qu'est « l'esprit workshop »** et ce qui rend ces réunions impliquantes, inspirantes et utiles. La réalité n'étant observable que du terrain, nous avons interrogé nos clients. Nous constatons que leurs initiatives sont nombreuses. Il est donc possible de faire rayonner une **nouvelle culture de la réunion**

1. Steven Rogelberg, *The Surprising Science of Meetings*, Oxford University Press, 2018.

où chacun est vraiment présent, prend du plaisir à participer, à échanger et repart satisfait du temps consacré à ce moment essentiel de la vie de nos organisations.

POURQUOI EST-CE IMPORTANT DE RANIMER NOS RÉUNIONS ?

L'horizontal nous contraint à faire différemment : l'organisation pyramidale classique est remplacée par de nouvelles communautés horizontales, se formant au gré des projets. Ce mouvement est amplifié par l'explosion du digital, qui aplatit les organisations et périme la notion de rattachement hiérarchique. Fini les réunions où l'on écoute de l'information descendante. Participer, s'auto-organiser et prendre des initiatives sont devenus les maîtres-mots. **Nous sommes passés de l'ère de l'ordonner à l'ère du coordonner et du coopérer.**

De plus, **les millennials nous poussent à faire mieux**. Cette génération, nourrie aux réseaux sociaux et aux forums de discussion, ne veut plus des grand-messes où l'on assène, sans discussion possible, la parole officielle. La mobilisation des équipes par acte d'autorité vertical est incompatible avec les habitudes prises durant leurs études, où le mode projet est la règle. Avoir la possibilité de participer, d'exprimer ses désaccords et d'avoir de l'impact sont des must incontournables pour ces nouveaux entrants.

Enfin, **l'agilité transforme nos usages managériaux.** Venues du monde informatique, les techniques agiles s'appuient sur la transparence, le débat ouvert et le partage des décisions. Elles irriguent désormais nos entreprises et instaurent une culture du collectif et du participatif où l'efficacité prime sur le formalisme.

Bonne lecture !

CHAPITRE 1

Avant

Reculer pour mieux s'élancer

Vous souhaitez devenir un pro de l'animation, félicitations. Bonne nouvelle, lire ces premières lignes montre que vous prenez le temps de réfléchir à vos futures réunions et séminaires.

Et au fond, c'est notre règle d'or N°0 : réussir son animation c'est d'abord décider de prendre du temps. Du temps pour soi et du temps pour penser à la manière de faire les choses. Car trop souvent nous travaillons sur le contenu... et négligeons ce qui fait la différence. Si vous voulez que les participants comprennent pourquoi ils doivent être présents et leur donner envie d'être là, ne faites pas l'impasse sur la préparation.

Parce qu'animer est un métier d'artisan, votre réunion se doit d'être unique. Consacrez du temps à identifier les réponses adéquates aux questions suivantes : Comment trouver le bon équilibre entre la routine qui rassure et la surprise qui (r)éveille l'intérêt ? Comment réunir les bonnes personnes autour de la table ? Comment clarifier et motiver sur les enjeux ? Comment créer la relation, l'ambiance et susciter le désir ? Comment se préparer comme un sportif de haut niveau ?

#1

POURQUOI SE RÉUNIR ?

En théorie, nous nous réunissons pour résoudre des problèmes que nous ne pouvons résoudre seuls. Nous nous réunissons pour accueillir, décider, informer, célébrer, dire au revoir ou marquer des transitions. Nous nous réunissons, car nous avons besoin les uns des autres.

Nous sommes face à un paradoxe : nous avons tellement de raisons de nous réunir que, en fin de compte, nous ne savons plus pourquoi nous le faisons.

Nous devons nous réunir sur des sujets critiques, qui ne manquent pas dans nos organisations (créer du lien et du sens, motiver, partager une vision, récupérer du feed-back, etc.). Nos meetings sont les pierres angulaires et le ciment de nos entreprises. Steven Rogelberg[1] s'est amusé à poser la question suivante à un échantillon de managers, dans le cadre d'un de ses travaux de recherche : « Si vous pouviez concevoir votre journée de travail idéale, à quoi ressemblerait-elle ? » Toutes les réponses soulignent l'importance des meetings. Et pourtant…

> Nous ne résistons pas au plaisir de partager avec vous quelques citations sur l'intérêt controversé des meetings.
>
> « Si je meurs, j'espère que ma mort interviendra pendant un Codir (comité de direction). La transition se ferait facilement et naturellement. »
>
> « Si je devais identifier une seule et unique raison qui empêche le genre humain de s'accomplir, elle se résumerait en un mot : "réunion" ».
>
> « Les réunions sont indispensables quand vous vous fixez comme objectif de ne rien faire. »

1. Steven Rogelberg, *op. cit.*

> « Je suis sûr que les dinosaures sont morts non pas quand ils ont manqué de nourriture, mais quand ils ont décidé de se réunir pour trouver des solutions à ce problème. »

Face à l'avalanche de critiques et de mécontentement, la meilleure solution ne serait-elle pas de supprimer les meetings ou d'arrêter de se réunir si souvent ? Faut-il adhérer aux propos de Peter Drucker, pape du management du XXe siècle, qui fustigeait les réunions ? « Les meetings sont le symptôme d'une mauvaise organisation. Moins il y en a, mieux on se porte. » En un mot, faut-il arrêter de se réunir ?

L'abondance de réunions est le prix à payer pour bien fonctionner en mode collaboratif.

Non, mais quelques explications sont nécessaires pour étayer cette réponse.

Au début du XXe siècle, Henry Ford se plaignait déjà et s'interrogeait : « Pourquoi, à chaque fois que je demande des bras, y a-t-il un cerveau qui les accompagne ? » Il serait horrifié par la situation actuelle. Le mode « command and control », management pyramidal qu'il affectionnait tant, a laissé la place au « trust and control ». Les collaborateurs sont désormais considérés comme des acteurs responsables plutôt que comme des pions.

Au cours des trente dernières années, la nature du travail a radicalement changé. L'industrie a été supplantée par des activités de services. Le Web a modifié la relation au travail. Nos organisations fonctionnent désormais davantage en petits groupes de travail, réunissant des personnes issues de tous les départements de l'entreprise. Avec ce mode matriciel, le fonctionnement et la structure pyramidale ont pris du plomb dans l'aile.

Un de nos clients résume ainsi parfaitement la situation : « Je crois que l'abondance des réunions est une taxe culturelle pour déployer un mode de management collaboratif, et cela me ne pose pas de problème. Si diminuer le nombre de meetings signifie plus de décisions autocratiques, moins de communication et de relations interpersonnelles, alors je veux bien tolérer cette taxe un peu particulière… »

La réunion est un outil managérial indispensable. Pour prendre une métaphore sportive, se réunir est un geste technique indispensable, mais trop souvent mal exécuté. Pourquoi ? Parce que nous ne savons pas toujours vraiment pourquoi nous nous réunissons.

Nous accordons de l'importance au cadre et au format, alors que l'essentiel est la finalité. Le « pourquoi » de la réunion.

Notre réflexion sur les meetings est devenue confuse. Quand nous devons nous réunir, nous fonctionnons en pilote automatique, avec des templates PowerPoint préconçus. Le support se substituerait à la réflexion. Le contenant aurait plus d'importance que le contenu. Or, ce qui compte, ce sont les raisons profondes qui font que nous nous réunissons.

C'est l'objet de la règle d'or #2 : Pivotez du quoi vers le pourquoi.

#2

PIVOTEZ DU QUOI VERS LE POURQUOI

En dépit des excellentes raisons de se réunir, avouez qu'il vous est déjà arrivé de vous demander ce que vous faites dans ce meeting dont vous êtes l'animateur, qui a débuté il y a plus d'une heure et où vous vous ennuyez à mourir… Et pourquoi ? Parce que vous n'avez pas respecté une règle d'or : **convier les participants à une réunion dont la finalité est précise, audacieuse ou inspirante**, à une réunion où le pourquoi est identifié. Malheureusement, trop souvent, le pourquoi est supplanté par le quoi. Au lieu d'être au clair sur les raisons réelles et profondes de la réunion, nous baissons pavillon et nous nous focalisons sur les tâches à réaliser.

Amusez-vous à revisiter vos souvenirs des douze derniers mois. À combien de réunions avez-vous assisté ? Peut-être à un comité de direction, à un séminaire régional, à une réunion de parents d'élèves ou d'anciens de votre école, à une soirée networking, à un mariage, à un club de lecture… Dans toutes ces occasions, l'objectif de la réunion renvoie systématiquement à ce que vous allez faire (le « quoi »), et souvent au « comment » vous allez mettre en œuvre ce « quoi ».

Réfléchissez au pourquoi d'une réunion avant de l'organiser.

> Par exemple, une soirée networking a pour objectif de rencontrer des gens qui pourraient vous aider à développer votre business. Dans le club de lecture, le but est de lire un ouvrage ensemble.

Logique, non ? Où est l'erreur ? Bien évidemment, la finalité d'une soirée networking est de « networker », mais c'est un peu court comme ambition : c'est le minimum syndical et ce que proposent toutes les soirées networking. Assister à des dizaines d'*elevator pitches* (argumentaires éclair) formatés, sans saveur, est le meilleur moyen pour souhaiter quitter rapidement la soirée et décliner les prochaines éditions.

Si vos réunions se ressemblent toutes, ne soyez pas surpris que vos participants plongent le nez dans leur smartphones.

Quand il s'agit de réfléchir sur le pourquoi d'une réunion, la tentation est grande de faire toujours la même chose. Cette mauvaise habitude vous empêche de créer quelque chose d'unique et d'inspirant.

En prévision d'une soirée networking, les organisateurs pourraient ainsi interroger les participants sur leurs attentes. Selon eux, cette soirée devrait-elle avoir pour but de :

- trouver des nouveaux clients pour faire du business ;
- obtenir des conseils sur les produits vendus et plus précisément sur leurs points faibles ;
- rencontrer un maximum de personnes travaillant dans des champs de compétences autres que ceux de l'entreprise ;
- construire une tribu qui se réunira régulièrement par la suite ?

Les réponses à ces questions auront forcément un impact sur le contenu et le format de la rencontre à venir.

Pour organiser enfin des réunions qui en valent la peine, il vous faut donc résister à la tentation de définir l'objet d'une réunion par un « quoi » et un « comment », et prendre le temps de la réflexion en amont sur le « pourquoi » .

Trois ingrédients indispensables

Trois ingrédients contribuent à transformer votre meeting en une rencontre inspirante, efficace et porteuse de sens. Chacune de vos réunions doit être :

- **spécifique (et cela commence par votre invitation) ;**
- **ouverte à la contestation ;**
- **et unique.**

Les règles d'or #3, #4 et #5 détaillent chacun de ces ingrédients magiques.

#3

RÉDIGEZ UNE INVITATION SPÉCIFIQUE

Un meeting porteur de sens doit se distinguer. Cela commence dès la rédaction de l'invitation. Imaginez que votre invitation soit un article de presse et **rédigez-la dans un style journalistique.** Plus vous la rédigerez de façon précise, accrocheuse et en choisissant un angle pour votre propos, plus vous développerez l'intérêt et la curiosité des participants.

Bannissez les avis de réunion Outlook, standard et insipides. Adressez un texte d'invitation accrocheur et attrayant.

À l'heure de l'infobésité, les journalistes ont l'obligation de capter l'attention de leurs lecteurs en quelques mots. Ils doivent trouver un titre accrocheur et angler leur papier sous peine de ne pas être lus. Il vous faut éviter les généralités et résister à la tentation de l'exhaustivité : un article qui veut trop en dire risque de ne plus rien dire du tout.

Il en est de même pour vos réunions.

COMMENT RÉDIGER UN BON AVIS DE RÉUNION ?

Votre invitation doit répondre à deux questions :

- Quel est le sujet précis du meeting ?
- Qu'attendez-vous des participants ?

Choisir un titre de réunion clair donne des éléments de réponse à ces deux questions. Il explicite la finalité du meeting, le rôle des participants et leur degré d'implication.

Si vous vous réunissez avec votre équipe sur un format d'une demi-journée afin d'évoquer votre stratégie pour les douze prochains mois, quel titre donnerez-vous à cette séance de travail ?

L'appellerez-vous réunion, workshop, session de brainstorming ou laboratoire à idées ? L'annonce d'une « session de brainstorming » sous-entendra une plus grande implication de la part de vos invités qu'une simple invitation Outlook banalement intitulée « Réunion ». Nommer clairement l'événement mobilise l'attention des participants. En étant spécifique lors de l'invitation, vous vous assurez leur présence pleine et entière le jour J.

Dans votre quotidien d'animateur, évitez d'utiliser le terme « workshop ». Victime de son succès, mis à toutes les sauces, il est vidé de sa substance. Utilisez des intitulés adaptés aux sujets traités.

S'il s'agit de travailler sur la finalité ou le sens de l'action d'une équipe, utilisez le participe présent « inspirant ». Si la session s'oriente vers la recherche d'idées plutôt que vers des plans d'actions, utilisez le mot « laboratoire » en tête de votre invitation. L'expérience montre qu'un changement de titre des sessions de travail dans l'invitation amène les participants à aborder la réunion autrement… même s'ils n'ont pas forcément une idée précise de ce qu'est un « laboratoire inspirant ».

Une autre technique pour capter l'attention, donner envie de participer à votre réunion et rendre spécifique votre invitation est d'utiliser une émotion positive, comme l'humour.

> Dans l'invitation à l'avant-première de *Star Wars : le réveil de la force*, les studios Disney précisent à l'attention de leurs invités

que « leur vaisseau spatial ou tout autre véhicule homologué dans la galaxie aura à sa disposition une place de parking ».

TESTEZ L'INVITATION AUDIO OU VIDÉO

Le texte n'est pas le seul moyen à votre disposition pour capter l'attention. À l'heure du digital, surprenez vos invités par un enregistrement audio ou par une vidéo.

Quelques bonnes pratiques au préalable

- **Un enregistrement audio ne doit pas dépasser 90 secondes et ne doit pas contenir plus de trois messages clés (un message = 30 secondes donc trois messages = 90 secondes).**
- **Une vidéo doit également respecter des formats courts (entre une et trois minutes).**

Dans le cadre d'une invitation à une séance de dédicaces pour la promotion d'un livre sur le thème sport et management, un de nos amis auteurs a adressé à un panel de journalistes, de dirigeants et de managers, trois vidéos distinctes de deux minutes chacune.

Chaque vidéo répondait à une question :

- Quelle est l'idée clé du livre ?

- Pourquoi cette idée est-elle importante ?

- Par quoi commencer demain matin ?

Et si demain, vous surpreniez vos participants en leur adressant un message audio ou vidéo leur expliquant pourquoi la réunion que vous organisez est absolument l'endroit où il faut être, tout en précisant ce que vous attendez d'eux ?

#4

NE SOYEZ PAS UN « BÉNI-OUI-OUI »...

Un workshop réussi se prépare en amont. Définissez sa finalité en questionnant vos participants, même si vos questions les mettent mal à l'aise.

Dans les deux règles précédentes, nous avons partagé avec vous l'importance d'être spécifique et unique pour que votre meeting en vaille la peine. Nous vous avons aussi annoncé qu'un bon meeting doit laisser de la place à la contestation. Pour illustrer ce point, changeons d'angle de vue.

Si tout le monde pense que la réunion est utile, c'est que personne ne fait l'effort de penser !

NE PAS ÊTRE D'ACCORD EST BON SIGNE

Si je vous dis que la finalité de la cérémonie du mariage, c'est de célébrer l'amour, difficile de contester cette affirmation, non ? Pour autant, est-ce la garantie d'un mariage heureux ? Non, bien évidemment. Pourquoi ? Parce que l'amour ne vous aidera pas à prendre les bonnes décisions nécessaires à un déroulement réussi de la cérémonie. Quand les inévitables tensions (liste des invités, constitution des tables, choix du lieu, des vins, etc.) arriveront, l'amour ne vous sauvera pas.

Si la cérémonie a pour objectif de remercier vos parents pour tout ce qu'ils ont fait pour vous, votre choix est un parti pris que vous assumez. En conséquence, vous affecterez la dernière place disponible à un grand-oncle perdu de vue plutôt qu'à un collègue de bureau. À l'inverse, si votre mariage vise avant tout à réunir vos meilleurs potes, les choix d'invités seront différents.

Il en est de même dans vos organisations. Trop souvent, la finalité des réunions n'est pas clairement définie. Il existerait une main invisible qui, parce que vous vous réunissez, ferait émerger une finalité qui coulerait de source. En fin de compte, la seule chose qui coule ressemble trop souvent à un filet d'eau tiède. Tout se déroule normalement, tranquillement, sans heurts, mais sans passion. Comme dans l'exemple du mariage, il vous faut creuser davantage. Prenez le cas de figure de la réunion hebdomadaire de deux heures, tous les lundis matin. Posez-vous la question de son intérêt. Pourquoi a-t-elle lieu ? À chaque réponse, creusez davantage et continuez à vous questionner. Vous aurez suffisamment creusé lorsque vous toucherez une valeur ou une croyance. Peu importe qu'elle soit justifiée ou pas. L'idée est de faire passer à cette réunion « un test de robustesse », de choisir, de renoncer et donc de décider.

Imaginons les dialogues que cela pourrait occasionner au sein d'une entreprise commerciale...

« Pourquoi nous réunissons-nous tous les lundis matin ?

– Parce que c'est utile.

– Pourquoi est-ce utile ?

– Parce que cela permet de nous connecter, afin de mieux communiquer et de piloter l'activité.

– Est-ce plus important de nous connecter ou de piloter l'activité ? Et pourquoi devons-nous nous réunir toutes les semaines pour piloter l'activité ? En quoi est-ce important de nous connecter ?

– Euh, ça fait pas mal de questions d'un coup...

– Je veux juste qu'on échange sur le pourquoi de nos réunions. Je les trouve un peu monotones et classiques.

– Eh bien, nous nous réunissons parce que notre métier nous oblige à jouer collectif chez nos clients. Si nous ne nous synchronisons pas, nous prenons le risque de ne pas les servir correctement.

– Donc cela renvoie à l'esprit d'équipe, à l'excellence client ?

– Oui, forcément.

– D'accord, mais tout ce que l'on traite dans nos meetings hebdomadaires contribue-t-il vraiment à renforcer notre esprit d'équipe ?

– Euh... pas sûr...

– Cela vaut peut-être le coup qu'on réfléchisse, lors de notre prochaine rencontre, au contenu de ces réunions ?

– Oui. »

Comment faire pour que ce dialogue, pas si imaginaire que cela, ait lieu plus souvent dans nos organisations ?

UNE QUESTION DE DOIGTÉ...

Tout est question de doigté et de façon de s'y prendre : il s'agit de poser le sujet sur la table avec assertivité (capacité à s'exprimer et à défendre ses droits sans empiéter sur ceux des autres). Vous pouvez mettre à l'ordre du jour un sujet du type « Comment améliorer la performance de nos meetings » en vous appuyant sur les questionnaires en annexe. L'idée n'est pas de vous transformer en Che Guevara et de révolutionner l'existant. Il s'agit juste de remplacer des réunions centrées sur le quoi et le comment par des meetings dont la finalité a un sens pour tous. Vous devez savoir pourquoi vous vous réunissez. Un pourquoi inspire, donne de l'énergie et met en mouvement.

#5

SOYEZ UNIQUE DONC... ICHI-GO ICHI-E

Il y a quelques années, nous avions décidé de planifier nos vacances d'été en mode collaboratif avec nos trois adolescents. Pour ceux qui exercent l'activité (non rémunérée) de parents, il ne vous a pas échappé à quel point il peut être difficile de motiver des ados à cohabiter trois semaines en vacances avec leurs parents.

Les résultats scolaires ayant été satisfaisants, nous avons décidé de laisser les enfants choisir la destination de leurs rêves. Seule contrainte, les parents faisaient partie du voyage. Très rapidement, un consensus se fixa sur le Japon.

Pour un Occidental, le choc culturel est violent. La relation au temps dans l'empire du Soleil levant diffère radicalement de celle en usage dans notre quotidien de citadin pressé et nomophobe[1] (peur d'être déconnecté de son téléphone portable).

Puisque chaque moment est unique, chaque réunion est unique.

À Kyoto, capitale historique du Japon, nous avons participé à la traditionnelle cérémonie du thé. Nous avions choisi une cérémonie de deux heures, sachant que la durée peut varier entre une et cinq heures. Notre hôte partagea avec nous une phrase résumant la philosophie de ce moment si particulier.

1. Une étude, réalisée en 2016 par le professeur Gail Kinman de l'université de Bedfordshire (Royaume-Uni), révèle ainsi qu'un échantillon représentatif de la population britannique consulte 221 fois par jour son téléphone portable.

Elle est présente à l'esprit de tous les maîtres du thé japonais : ICHI-GO ICHI-E.

一期一会
いちご　いちえ

En français, la traduction la plus fidèle serait : « Une réunion, un moment dans votre vie qui n'arrivera plus jamais. »

Cette expérience unique et inédite questionne forcément un peu. Nous nous ennuyons dans nos meetings, car ils sont monotones et routiniers. Toujours les mêmes séquences, les mêmes sujets, les mêmes interlocuteurs qui pensent souvent les mêmes choses. Nos quotidiens sont saturés de réunions. Pour nous éviter de penser, nous fonctionnons sur le mode pilote automatique.

Comment atteindre ICHI-GO ICHI-E et faire que chaque réunion soit unique ? Tout d'abord, l'idée est de se fixer l'objectif d'être unique.

Les bonnes questions à se poser

En tant qu'organisateur, posez-vous les questions suivantes :

- **En quoi la réunion que j'organise sera-t-elle différente de toutes celles que j'ai organisées précédemment ?**
- **Pourquoi et en quoi cette réunion est-elle différente de celles qu'organisent mes collègues sur le même sujet ?**
- **Qu'est-ce que ma réunion propose de différent que les autres réunions ne proposent pas ?**

Vous pourriez m'objecter que votre temps de préparation va s'accroître… et vous aurez raison. Tout le temps passé en amont de la réunion est un investissement pour la rendre efficace, agréable et surtout unique.

Il n'existe aucune main invisible qui, par magie, rendra votre réunion exceptionnelle. Il vous faut combattre vos démons qui vous susurrent à l'oreille « on a toujours fait comme cela et cela ne marche pas si mal ». Si, en tant qu'organisateur, vous n'élevez pas votre niveau d'exigence, rien ne se passera. Comme le rappelait Benjamin Franklin : « Si vous échouez dans votre préparation, vous vous préparez à échouer. »

#6

LUTTEZ CONTRE LE CONFINEMENT !

L'environnement joue-t-il un rôle dans l'engagement et l'interaction des participants à un workshop ?

Négliger l'espace, c'est vous mettre des bâtons dans les roues !

Voici une anecdote qui a eu lieu il y a quelques années. Hugo, jeune cadre dans une entreprise cotée, doit produire un guide gastronomique. Pour ce faire, il s'appuie sur le savoir-faire d'un critique qui publie déjà un guide dans ce domaine. À trente ans, Hugo découvre la « bonne bouffe ». Lors d'un déjeuner, le critique lui pose la question suivante : « À ton avis, qu'est-ce qui fait un repas réussi ? » Hugo tente plusieurs réponses : le choix des vins, la justesse de la cuisson, la chaleur du plat... Le critique se recule dans son siège et lui glisse, souriant : « L'essentiel est ailleurs. Un repas réussi dépend de trois choses : ce que l'on a dans son assiette, les personnes qui nous accompagnent et la qualité du lieu dans lequel tout cela se passe. »

En ce qui nous concerne, le « lieu dans lequel tout cela se passe », c'est la salle ! Et cela compte pour un tiers dans la réussite de la réunion. Or ce choix est souvent considéré comme accessoire et délégué à un(e) assistant(e) pour pouvoir se consacrer à la matière noble : le contenu...

UNE BELLE SALLE PARCE QUE JE LE VAUX BIEN !

Toutes les salles ne se valent pas. Vous le savez bien, que la salle d'angle du 6e étage est plus sympa que celle de l'entresol à côté du local photocopieuse, et que le salon de réunion vieillissant de l'hôtel Ibis sur l'autoroute A1 est moins sympa que celui de Marseille, avec vue panoramique sur le château d'If.

Mesuré depuis quinze ans, l'écart de satisfaction que nous constatons chez les participants entre une salle inconfortable et un lieu parfaitement adapté (toutes choses égales par ailleurs) est de 3 points (sur une échelle de 1 à 10).

Négliger un tiers des facteurs de succès d'une réunion, quel dommage ! Mais comment faire pour y remédier ?

Pour permettre une réunion vivante et productive, en mode workshop, une salle doit réunir trois critères déterminants.

- **Des fenêtres, pour laisser entrer la lumière du jour.** Cela évite les crispations inconscientes : symboliquement, s'évader est possible... Les fenêtres offrent des perspectives, l'accès visuel à l'extérieur aide à réfléchir à des solutions nouvelles... et le fait de pouvoir les ouvrir pour aérer n'est pas à négliger, notre cerveau ayant besoin d'oxygène pour bien fonctionner.
- **Un espace modulable,** pour soutenir l'attention et organiser le mouvement selon les séquences. Les tables et les chaises doivent pouvoir bouger, pour permettre à des sous-groupes de se former facilement. Les séquences doivent également pouvoir avoir lieu debout ou assis.
- **Une surface suffisante :** 3 mètres par personne. L'idéal est une salle carrée ou légèrement rectangulaire pour autoriser différentes configurations et une bonne visibilité de l'animateur. Trop petite, la salle est facteur de tension.

Il existe bien sûr d'autres critères : la température, le bruit, l'accessibilité... mais sans les trois principaux points que nous venons d'aborder, pas de réunion vivante et participative possible. Mieux vaut alors reporter votre réunion.

Choisir la bonne salle, le bon endroit, c'est aussi montrer aux personnes présentes que leur bien-être vous tient à cœur et que vous les respectez. Voilà un facteur de plus pour favoriser leur engagement.

La lumière, votre meilleur allié

Voici quatre études éclairantes sur l'impact positif de la lumière sur les participants :

- **L'accès à la lumière naturelle réduit de 56 % la somnolence au bureau et améliore les performances au travail. (*Worker Reactions to Electrochromic and Low e Glass Office*, Cornell University, juillet 2018.)**
- **De hauts niveaux de luminosité diurne, en améliorant la régulation du cycle biologique et en interrompant la production de mélatonine (hormone du sommeil), améliorent les performances au travail : augmentation de la capacité d'attention et de la mémoire à court terme. (Lisa Heschong, *Daylight, A study of office worker performance and the indoor environment*, Heschong Mahone Group, Californie, 2003.)**
- **Les élèves travaillant dans des salles dotées de plus grandes fenêtres obtiennent des résultats 15 % supérieurs aux tests de mathématiques et de logique. (Étude européenne de l'université Pierre-et-Marie-Curie, INSERM.)**
- **Bénéficier d'une vue sur la nature peut améliorer la sensation de bien-être et l'humeur. (Kaplan, 2001 & Grinde et Grindal Patil en 2009.)**

#7

INVITEZ LES BONS PARTICIPANTS ET EXCLUEZ LES « JEAN-LUC »

Une bonne réunion est une réunion qui invite les bonnes personnes et qui exclut… les autres. Pourquoi le faire et comment y arriver ?

Il ne viendrait pas à l'idée de Didier Deschamps, sélectionneur de l'équipe de France de football, de faire jouer Thomas Ramos, arrière du Stade toulousain, champion de France de rugby 2019. C'est pourtant ce que vous vivez régulièrement dans vos entreprises. Dans vos réunions, il vous faut les bons joueurs. Pour y arriver, vous devez inviter les bons participants et… exclure les autres.

Voici une histoire pour illustrer cette règle d'or.

Huit personnes se rencontrent une fois par mois pour échanger sur leurs pratiques managériales. Séances riches en partages et en émotions. Après cinq séances, un des membres du groupe, Julie, est promue à Montréal. Elle quitte donc le groupe et propose de se faire remplacer par une de ses collègues, « qui aurait besoin d'aide professionnelle ». Les avis sont partagés : « Devons-nous privilégier l'aide à cette personne en difficulté, ou devons-nous protéger l'intimité et la qualité des liens créés entre nous depuis cinq mois ? » La réflexion se poursuit ainsi : « Nous n'avons pas clarifié en amont qui pouvait faire partie de ce groupe en cas de départ. Intégrer une nouvelle personne est généreux, mais compliqué pour les sept autres qui partagent des éléments confidentiels en toute transparence et en toute sécurité. » Au terme de discussions « inconfortables », le groupe refuse d'intégrer la collègue de Julie.

Il n'est jamais facile de dire à quelqu'un : « Ne venez pas. » Mais à vouloir trop favoriser l'inclusion de tous, le risque est de laisser certaines personnes « braquer » nos meetings. Les frontières définissent les nations. Il en est de même pour vos réunions. Vous devez définir des frontières, des limites. Si tout le monde est invité, personne n'est invité. En filtrant l'entrée, vous créez des réunions utiles et porteuses de sens.

Barack Obama avait coutume de répéter : « Si tout le monde fait partie de la famille, personne n'en fait partie. »

Comment exclure avec tact ?

Pour y arriver, vous devez vous poser trois questions :

- **Qui est légitime et contribue à la finalité de cette réunion ?**
- **Qui en menace la finalité ?**
- **Qui nous sentons-nous obligés d'inviter alors qu'il ne contribue pas à la finalité de notre réunion ?**

Les deux premières questions vous aident à être au clair sur la finalité de vos réunions. Pour reprendre une métaphore sportive, quels sont « les titulaires qui doivent absolument jouer le match » et faire partie de ladite réunion ? Et au contraire, qui ne joue pas collectif, ne crée pas de valeur ajoutée, voire sabotera votre meeting ?

La troisième question est la plus délicate, car elle suscite d'autres interrogations. Que faire de ces personnes bienveillantes (sympathiques dans le meilleur des cas, neutres et silencieuses dans le pire), qui ne menacent pas la finalité de votre meeting ? Quel problème y a-t-il à intégrer une personne qui n'est certes ni pertinente, ni contributive à la finalité de la réunion, mais qui ne lui est pas non plus nocive ?

> Créons un avatar pour cristalliser le problème. Il s'appelle Jean-Luc. Vous le connaissez tous. Vous le rencontrez aussi bien dans votre vie professionnelle que personnelle. Jean-Luc travaille à la compta. Jean-Luc est le nouveau petit ami de votre fille. Jean-Luc est votre oncle par alliance d'Ariège. Peut-être même êtes-vous, ou avez-vous été, un Jean-Luc à certains moments de votre vie ? Jean-Luc est un type sympathique. Il ne cherche pas à saboter délibérément vos réunions.

Le point crucial est donc de rassembler votre courage pour tenir Jean-Luc éloigné de votre prochaine réunion. Si Jean-Luc ne contribue pas à y donner du sens, il en est certainement un détracteur par défaut. Même s'il n'a aucune mauvaise intention. En tant qu'animateur, votre mission est de protéger vos participants. Quand vous excluez les Jean-Luc, vous leur témoignez de la générosité.

Mais que faire quand les organisateurs d'une réunion ne sont pas d'accord sur qui est Jean-Luc ? Que faire quand vous êtes cernés par une armada de Jean-Luc ?

Posez-vous alors une quatrième question :

- Pour qui est ce meeting ?

> Hélène anime depuis plusieurs années un club APM[1]. À plusieurs reprises s'est posée la question d'inviter les conjoint(e)s à une rencontre mensuelle. Certains clubs le font régulièrement. Cela donnerait de la visibilité et lèverait un peu le mystère sur ce qui s'y passe. Cette interrogation est d'autant plus pertinente que plusieurs conjoint(e)s sont cadres dirigeants.

1. L'Association pour le Progrès du Management, créée en 1987, réunit chaque mois 8 000 dirigeants d'entreprise, réunis par groupes de vingt personnes. Elle part d'un constat simple : le progrès de l'entreprise passe par le progrès de ses dirigeants.

Et pourtant, en 53 rencontres, ils(elles) n'ont jamais été convié(e)s. Pourquoi ? Parce que la finalité d'un club APM est d'aider ses adhérents à progresser. Au fil de ces rencontres, une intimité, une amitié se sont créées entre tous les membres. Vouloir y associer d'autres personnes, même des proches, c'est prendre le risque de mettre en danger la finalité de ces réunions et la qualité du lien créé depuis des années. Dans certains cas, même ceux que nous aimons le plus au monde peuvent être des Jean-Luc…

#8

ÉVITEZ LE DÉSORDRE GRÂCE À L'ORDRE DU JOUR…

Qu'est-ce qui vous irrite le plus en réunion ?

Prenez cinq secondes pour y réfléchir.

Nous serions surpris que le non-respect du timing n'apparaisse pas en haut de votre liste.

Plus prosaïquement, pourquoi les réunions initialement prévues pour durer deux heures vous mobilisent-elles souvent de deux à cinq heures d'affilée (record absolu détenu par un de nos clients, constructeur automobile) ?

Pour quatre raisons :

- trop de sujets ;
- des participants qui s'écoutent parler et qui n'écoutent pas les autres ;
- des débats qui n'ont pas toujours lieu d'être ;
- l'absence de prise de décision car le décideur est absent et son représentant a beau avoir la couleur du décideur, le goût du décideur… il ne veut pas décider.

COMMENT RÉUSSIR À TENIR LE TIMING ?

L'ordre du jour est la pierre angulaire de l'édifice. Il doit respecter quatre règles, dont voici les deux premières :

1. **Rédigez un titre clair et explicite** quant à l'enjeu de la réunion. Il s'agit d'annoncer aux destinataires ce qui va vraiment se passer.

Évitez les titres trop génériques du type : « Résultats de l'étude Sofres », et recherchez la précision : « L'étude Sofres conforte les hypothèses sur notre cœur de cible. »

2. **Expliquez le pourquoi** : concernant les sujets identifiés, s'agit-il de décider, d'informer, de consulter ou de débattre en vue de décider ?

> Voici un exemple d'ordre du jour qui reprend ces points clés.
>
> - Accord sur le lancement de la chaîne de montage de la voiture X — 30 min
> - Choix de la solution : aménagement de l'usine Munich ou externalisation en République tchèque — 20 min (décision)
> - Planning de présentation des deux options aux organisations syndicales — 10 min (information)

Gardez en tête qu'un décideur, dans une « grosse » entreprise, assiste en moyenne à trois réunions formelles par jour. Il se pose donc deux questions : « Dois-je réfléchir à cet ordre du jour ? » et « Vais-je assister à cette réunion… ou déléguer ? » Ces deux premières règles lui facilitent la vie : un ordre du jour ainsi formulé lui permet de savoir si cette réunion est capitale et s'il doit se mobiliser ou préparer leur position avec la personne qui les représentera.

Voici les deux dernières règles d'or d'un ordre du jour réussi.

3. **Jouez-la 50/50** : prévoyez de consacrer 50 % du temps à la présentation et 50 % à la discussion.

Imposez deux incontournables

- Le temps de présentation par slide ne doit pas dépasser 2 à 3 minutes. Dans l'exemple ci-dessus, il est donc possible de présenter un total de 12 slides en 30 minutes (hors slides d'introduction et de fin).
- Utilisez des polices (corps > 16) et des couleurs lisibles, sur fond contrasté. Bannissez les tableaux Excel ou le copier-coller de notes initialement rédigées sous Word.

4. **Livrez 48 heures avant la réunion le support de présentation**, en le déposant dans un espace partagé. Cela permettra aux décideurs ne pouvant être présents d'en prendre connaissance en amont et de transmettre leurs instructions à leurs collaborateurs présents. Ainsi, le jour de la réunion, le temps disponible pourra être consacré aux questions, au débat et à la décision.

LES TROIS INDICATEURS À SUIVRE

En tant qu'organisateur de la réunion, suivez trois indicateurs clés :

- Les décisions prévues sont prises.
- Chaque sujet a respecté son horaire.
- Aucun sujet n'a été reporté à la réunion suivante.

N'oubliez pas de partager ces résultats avec les participants : vous renforcerez leur responsabilité collective.

Encore une manie de l'ex-patron d'Apple : une des obsessions de Steve Jobs dans ses présentations était d'utiliser une taille de police très grande pour limiter le texte des présentations.

Grâce à cela, vous poussez le(s) speaker(s) à bien réfléchir aux messages essentiels qu'ils souhaitent faire passer et à maintenir l'attention de l'auditoire.

#9

DIFFUSEZ LEUR ORDRE DU JOUR PLUTÔT QUE LE VÔTRE !

Participant motivé, vous arrivez en réunion plein d'entrain.

Les bons sujets sont les sujets des participants. Pas ceux du boss ou de l'animateur !

Le thème est passionnant : on va enfin parler de la réinternalisation des centres d'appel en France. Mais, plus la réunion avance, moins vous avez de réponses à vos questions. Ce qui est logique, car personne n'a été interrogé, en début de meeting, sur ce qu'il attendait… Les organisateurs vous demandent de travailler sur la communication et sur le choix des implantations, alors que pour vous, l'urgence porte sur le délai trop court imposé pour le transfert de l'informatique et des systèmes de téléphonie ainsi que sur l'impossibilité de recruter et de former, en si peu de temps, des opérateurs qualifiés. Alors, au bout d'un moment, chacun disjoncte en silence…

POURQUOI ÇA COINCE ?

Il existe trois raisons fréquentes à ce type de dysfonctionnement :

- Le décideur a imposé qu'on traite ce sujet, qui n'avance pas, pour que l'équipe en charge donne un coup de collier d'ici la réunion. Mais ce point ne concerne que le décideur et l'équipe responsable… En fait, le problème devrait être traité d'un point de vue managérial. Pas en réunion…

- L'animateur reprend mécaniquement les thèmes de la réunion précédente, sans savoir s'il y a eu un avancement ou sans faire de point significatif sur le sujet.
- L'animateur réserve du temps pour un sujet qui n'intéresse que lui.

COMMENT FAIRE MIEUX ?

Pour impliquer tout le monde, il faut respecter trois étapes :

- **À J-15.** Soumettre les sujets aux participants, sans préciser de durée, et leur poser les questions suivantes :
  - Est-ce que cela leur convient ? Et si oui, de combien de temps ont-ils besoin ? (Profitez-en pour rappeler les règles à respecter concernant le nombre de slides et le temps attribué à chacune, cf. règle d'or #8.)
  - Souhaitent-ils traiter d'autres sujets (en précisant la durée nécessaire) ?
- **À J-10.** Envoi aux participants des sujets, arbitrés par l'organisateur en nombre et en durée. Les participants ont jusqu'à J-7 pour échanger/négocier avec l'organisateur afin d'arriver à un ordre du jour qui satisfasse tout le monde.
- **À J-6.** Envoi de l'ordre du jour définitif avec copie aux hiérarchies et personnes concernées.

Séduisant, non ? En théorie, ça marche. Mais vous connaissez certainement la différence entre la théorie et la pratique ? C'est qu'en théorie, il n'y a pas de différence...

D'où notre conseil pratique : cette démarche nécessitant à la fois du temps et de l'anticipation, réservez-la plutôt aux réunions institutionnelles avec des participants provenant d'entités diverses.

« L'ORDRE DU JOUR EN TEMPS RÉEL », UNE APPROCHE PRATIQUE ET RÉALISTE

Loïc Gelebart, patron d'unité logistique chez Air France, a introduit un management plus collectif dans son unité.

Voici comment est organisé le point hebdo avec son équipe :

- Les collaborateurs prennent la responsabilité de la réunion à tour de rôle.
- En début de réunion, chacun annonce les sujets qu'il souhaite aborder et le temps nécessaire (le patron au même titre que les autres).
- Deux rôles tournants sont attribués :
  - la « Pendule », pour le respect du temps ;
  - la « Conscience », pour la qualité de la réunion.
- Chacun expose et organise le débat sur son sujet. Le patron expose ses sujets en dernier.
- À la fin, la Conscience commente la manière dont la réunion s'est passée, sans que personne n'ait le droit de commenter ou de justifier quoi que ce soit.

Les plus de ce système sont de deux ordres. Premièrement, il exclut les sujets qui peuvent être traités dans d'autres instances (de type « one to one », où l'on échange sur l'avancement des dossiers d'un seul collaborateur). Deuxièmement, il chasse les points hors sujets, car la décision sur les sujets à traiter est collective et constitue donc un engagement à rester dans ce cadre.

Le Roi du Silence

Conseil workshop : commencez par faire entrer le « Roi du Silence ». Il s'agit d'une minute où chacun écrit les points qu'il souhaite aborder sur un post-it (une seule idée par post-it, en précisant la durée nécessaire). Cela gomme l'« effet de halo » (cf. règle d'or #27, l'expérience de Asch) et permet de gagner du temps, les participants devenant plus synthétiques.

#10

RÉUNISSEZ-VOUS EN 48 MINUTES

Nous sommes entourés de normes et de conventions qui nous sont propres. Prenons l'exemple de la « cérémonie de la dent de lait ». Cette tradition diffère selon les pays : en France, en Espagne et en Colombie, lorsque les enfants perdent une dent de lait, nous leur faisons croire qu'une souris va la remplacer par de l'argent s'ils la placent sous leur oreiller avant de s'endormir. En Turquie, les parents enterrent la dent à un endroit où ils fondent des espoirs pour leur progéniture (par exemple, à l'université s'ils souhaitent que leur enfant devienne enseignant). Et en Russie, la dent est placée devant l'entrée d'un trou de souris, pour que la souris transmette en retour une dent de remplacement plus robuste.

Réduisez systématiquement la durée de vos réunions de 5 à 10 %.

Nos meetings ne font pas exception à cette diversité. En Amérique latine ou au Moyen-Orient, il n'est pas rare de commencer les réunions avec une heure de retard. Plus subtil : en France, un de nos grands clients issu du secteur public nous racontait que le nombre de minutes de retard dépendait de votre grade. Plus votre grade est élevé, plus votre retard se doit d'être important ; le *nec plus ultra* consistant à quitter la réunion avant la fin : un homme de pouvoir est un homme pressé.

Or, **pour l'organisation de nos meetings, nous refusons trop souvent de tenir compte de nos différences culturelles** et essayons d'appliquer une approche *one-size-fits-all* : en clair, une taille unique. Microsoft, en tête, nous propose par défaut de planifier des réunions dont l'unité de mesure est 60 minutes. Cette pensée magique s'est imposée depuis des années. **Mais avons-nous systématiquement besoin d'une heure pour traiter les sujets qui comptent pour nous ?**

La nature a horreur du vide. De nombreuses études ont démontré que plus vous donnez du temps aux gens, plus ils l'utilisent. Dès 1967, les chercheurs Judith Bryan et Ed Locke l'ont démontré empiriquement dans leur étude *Organisational Behaviour and Human Performance*. Vous partagez une classe en deux groupes. Chacun doit exécuter des opérations arithmétiques simples. Le premier groupe doit réaliser les calculs aussi rapidement que possible alors que le second groupe a droit à un temps précis bien supérieur à ce qui est nécessaire pour réaliser quelques divisions et multiplications. Le premier groupe se met la pression et réalise les opérations rapidement dans un temps court. Le second groupe fait moins d'efforts, prend son temps et termine l'exercice quelques secondes avant le temps imparti. Cette expérimentation n'est qu'une confirmation de la célèbre loi de Parkison : en 1955, cet essayiste anglais a rédigé un article remarqué dont l'idée principale était que le travail se dilate jusqu'à occuper entièrement le temps qui lui est attribué.

Il est temps de tordre le cou à cette croyance limitante : l'unité de mesure d'une heure n'est pas le format le plus efficient pour des réunions de qualité.

COMMENT FAIRE ?

Le fondateur d'IBM, John Watson, avait choisi comme slogan « Think ». Pour définir la bonne durée de nos meetings, il faut commencer par faire preuve de réflexion et de questionnement. En tant qu'animateur, vous devez vous poser trois questions.

Les trois questions clés

- Quels sont les objectifs de la réunion ?
- Quels sont les bons participants ?
- Quels feed-back ai-je récupérés à la suite des précédents meetings ?

Vous devez combattre la tendance commune à passer en pilote automatique en vous autoquestionnant systématiquement.

Steven Rogelberg[1] conseille de réduire de 5 à 10 % la durée des meetings et de s'inspirer de la société TINYpulse[2], dont les réunions hebdomadaires durent 48 minutes. Avant de considérer que les génies de la Silicon Valley ne savent plus quoi inventer pour se différencier, sachez que l'entreprise est basée bien loin de la Silicon Valley, à Seattle, et que les arguments justifiant cette décision sont mûrement réfléchis.

Comme nous l'apprend la loi de Parkinson, une performance optimale ne s'obtient pas sans un peu de stress. En raccourcissant la réunion de 12 minutes, vous mettez les participants davantage sous tension, et ce faisant vous les forcez à aller à l'essentiel, vous stimulez les échanges et vous donnez de l'énergie positive. Quel bonheur de gagner 12 minutes par réunion ! Si votre agenda du lundi comporte quatre réunions, vous gagnez 48 minutes. De plus, vous n'êtes plus obligé de courir entre chaque meeting et d'arriver en retard une fois sur deux.

> En 2011, Larry Page, cofondateur de Google, a rédigé un mémo à l'attention de ses collaborateurs. Il militait pour que les réunions d'une heure intègrent une pause permettant d'aller aux toilettes.

---

1. Steven Rogelberg, *op. cit.*
2. Éditeur de logiciels RH.

> Le format des réunions s'établit donc sur 50 minutes, ou sur 25 minutes pour celles de 30 minutes.

Prêt à vous lancer sur des formats de 48 minutes ? Sachez que Google a intégré la fonctionnalité « Réunions rapides » dans son logiciel Calendar : elle règle par défaut vos réunions à des intervalles de 25 ou 50 minutes. Faire un peu plus court est un bon début pour rendre vos meetings plus efficients, mais vous pouvez faire mieux avec les causeries : c'est l'objet de la prochaine règle d'or.

#11

FAITES ENCORE PLUS COURT…

La « causerie », terme désuet, trouve son origine dans le mot *caucus*. Couramment utilisé dans le monde anglo-saxon, ce terme – dont les racines seraient amérindiennes – renvoie à « celui qui conseille ». De nos jours, il recouvre diverses réalités : désignation au sein d'un parti du candidat à l'élection présidentielle américaine, conciliabule entre des joueurs de rugby avant une action décisive ou concertation entre le coach et ses joueurs dans le cadre de matchs d'improvisation théâtrale…

À QUOI RESSEMBLERAIT UNE CAUSERIE DANS VOS ORGANISATIONS ?

À une réunion… très courte.

Dans les environnements à haut risque (militaires, services d'urgences, pompiers), 48 minutes de réunion comme exposé dans la règle d'or #10, c'est beaucoup trop long. Dans ces cas de figure, un briefing sur une situation inattendue ou un débriefing sur un incident ne doivent pas excéder quelques minutes.

À l'heure du digital et de la perte d'attention, passez aux réunions flashs de 10 minutes !

Ce type de meetings présente plusieurs avantages. Le sentiment d'urgence facilite la concentration, aide à progresser individuellement (nécessité d'être succinct) et collectivement (souci des autres). De plus, le format court enthousiasme les participants : quel bonheur de ne plus participer à des réunions interminables…

COMMENT ÇA MARCHE ?

Le cadre de la causerie est immuable :

- Elle dure entre 10 et 15 minutes.
- Elle est planifiée le matin, tous les jours à la même heure (ou dans le pire des cas, une fois par semaine). Elle commence et finit à l'heure.
- Elle a lieu au même endroit, avec les mêmes personnes. Si un des membres ne peut être présent physiquement, il a la possibilité de participer à distance (Skype, téléphone).
- Si possible, elle se tient debout.
- L'animateur doit adopter une posture de facilitateur, non directive. Nous vous recommandons une animation tournante : comme dans les meetings dits classiques, si vous souhaitez que chacun progresse en tant qu'animateur, l'animation doit se faire à tour de rôle.

POUR QUELS SUJETS ?

L'équilibre est subtil entre routine et monotonie, et il s'agit de privilégier la première sans tomber dans la seconde. La routine est importante, car c'est le fait de traiter de façon suivie les mêmes sujets qui permet de progresser. Toutefois, pour éviter la monotonie, vous pouvez remplacer un thème par un autre en gardant à l'esprit que le piège à éviter est d'ajouter des sujets, ce qui vous embarquerait vers des réunions trop longues.

Quatre questions pour animer une causerie

Par défaut, vous pouvez animer en suivant la trame de ces quatre questions :

1. **Que s'est-il passé d'important depuis la dernière réunion et qu'il faut partager avec l'équipe ?**
2. **Que va-t-il se passer d'important pour vous aujourd'hui ?**
3. **Allons-nous atteindre les objectifs que nous nous sommes fixés ? (Si vous en avez trop, vous ne tiendrez pas le timing : il faut vous limiter à trois.)**
4. **Quels sont les obstacles qui nous empêchent de progresser et d'atteindre nos objectifs ?**

LA BONNE POSTURE

Exigez des réponses courtes : chaque prise de parole ne doit pas dépasser la minute.

La causerie n'est pas une réunion de reporting et fait fi des barrières hiérarchiques. Elle aide l'équipe à mieux se synchroniser et à développer sa performance collective.

Souvent, les discussions sur le chemin menant à la salle de réunion, avant et après, contribuent également à la performance collective : on n'a pas encore trouvé mieux que le dialogue avec ses collègues pour progresser.

LES RISQUES

Ne soyez pas surpris si la mise en place de causeries quotidiennes suscite méfiance et angoisse. Des réactions telles que « On a déjà trop de meetings et vous en rajoutez un par jour, vous êtes devenus fous ! » sont monnaie courante.

Soyez vigilant sur deux points :

- Les causeries ne s'ajoutent pas à vos réunions existantes : elles les remplacent. Bien entendu, certains sujets complexes émergeant en causerie nécessiteront d'être traités sur des formats plus longs.
- Tenez le timing. Les recherches menées par Steven Rogelberg révèlent que ne pas respecter le timing et, plus précisément, ne pas s'arrêter à l'heure prévue, génère stress, frustration et démotivation. Chez Google, le sujet est considéré comme essentiel, et il n'est pas rare qu'un timer géant soit projeté sur un des murs de la salle de réunion pour rappeler l'importance du respect de l'horaire.

L'entreprise de design O3 a conçu un logiciel intitulé Roombot. Lorsque la fin de la réunion approche, Roombot diminue l'intensité lumineuse et vous annonce que votre meeting se terminera dans quelques minutes.

Certaines entreprises s'appuient sur l'humour pour respecter la durée prévue. Par exemple, on peut décréter qu'une minute de retard coûte un euro à chaque participant, à placer sur une cagnotte pour un futur déjeuner d'équipe : dans ce cas, un dépassement de six minutes de la part de cinq participants alimentera cette cagnotte de 30 euros. Au Castres olympique (équipe de rugby professionnelle, sacrée championne de France en 2018), chaque retard est sanctionné de 50 pompes à réaliser dès la fin de la réunion. Effet pervers : ceux qui souhaitent travailler leurs abdominaux risquent d'être volontairement en retard...

N'ayez pas peur de clôturer un meeting avant l'heure de fin programmée dans deux cas de figure :

- si vous considérez que les sujets sont traités ou que les objectifs sont atteints ;
- si vous vous apercevez que plusieurs participants fatiguent, se déconcentrent et n'arrivent plus à produire ce que vous attendez d'eux.

#12

ATTAQUEZ-VOUS RATIONNELLEMENT AU STRESS

Dans trois jours, Pierre passe en Codir (comité de direction) sur le nouveau mode de rémunération des licenciés. Sujet complexe et un peu chaud, car ce canal de vente représente 40 % des ventes. Il y a deux mois, quand il est intervenu sur l'évolution de la grille tarifaire, il s'est planté, il a trouvé le Codir pas très présent, un peu impatient et aucune décision n'a été prise. Cette fois-ci, changement de braquet, il s'est mis en mode workshop pour que ce soit vivant et interactif. Il a eu le temps de bien se préparer : creuser les points critiques, aborder différents angles. Il a fait un travail de déminage en allant expliquer le sujet aux participants potentiellement toxiques. Il a organisé un « torture test » à base de questions-réponses impossibles avec un collègue. Et il a bossé son animation pour les faire participer et les impliquer au maximum. Franchement, il est fin prêt !

Pourtant, depuis une semaine, comme à chaque fois, il se réveille en pleine nuit et se fait un film : le DAF hyper-pointilleux, le directeur commercial qui trouve que ce n'est jamais assez, le DG sur son smartphone en direct live avec le nouveau patron du fonds d'investissement qui vient de prendre 30 % de la boîte...

Il invente des parades, construit de nouvelles réponses, et se dit que ce serait peut-être mieux de ne pas faire ce comité. Ce stress lui pourrit la vie et moins il dort, plus il stresse, moins il se sent prêt et moins il a d'énergie pour envisager sereinement ce qui va se passer. Tout cela est absurde : il essaie de prévoir le futur qui est, par définition... imprévisible.

Bref, il a les jetons...

MAIS DE QUOI PARLONS-NOUS ? QU'EST-CE QUE LE STRESS ?

Le concept de stress a été défini en 1936 par Hans Seylie[1], endocrinologue, fondateur de l'Institut de médecine expérimentale de l'université de Montréal. Ses trois caractéristiques se rejoignent : agression de l'organisme par un agent physique, psychique, émotionnel, entraînant un déséquilibre qui doit être compensé par un travail d'adaptation ; tension nerveuse, contrainte de l'organisme face à un choc (pression, événement soudain, traumatisme, sensation forte, bruit, surmenage) ; état d'une personne soumise à cette tension. Hans Seylie a ensuite travaillé sur les maladies de la vie moderne, comme les accidents cardiaques.

LE STRESS EST-IL NÉFASTE POUR ANIMER ?

Eh bien non, il est même vital. D'un point de vue biologique, c'est un cadeau de la nature. À l'époque tribale, toute alerte était une agression potentielle nécessitant une réaction immédiate, sous peine d'y laisser sa peau. Signal de danger, il permettait à nos chers ancêtres de réagir à une situation incertaine par le combat ou la fuite. Le stress est donc une sonnette d'alarme déclenchée par notre instinct de survie.

Pour échapper au danger, notre corps réagit, malgré nous, à une situation menaçante ou nouvelle : l'agent « stresseur ». Cet

1. Hans Seylie développe sa théorie dans *The Stress of Life* (1956), qui est traduit en français : *Le Stress de la vie*, Gallimard, 1962 puis 1975.

automatisme est provoqué par le cerveau reptilien, notre cerveau archaïque que nous partageons avec les animaux, et qui gère toutes les fonctions réflexes garantissant notre survie : désir de nourriture, défense, attaque, sexualité. Il réagit automatiquement avec impulsivité, avant toute réflexion rationnelle.

En cas de danger, le stress mobilise l'énergie emmagasinée et la rend immédiatement disponible. Il provoque un afflux sanguin vers les fonctions vitales et les muscles, qui nous permet de combattre ou de fuir. Il est un facteur clé de nos changements et de nos évolutions. C'est le bon stress utile, qui s'oppose au mauvais stress.

COMMENT LEVER LA PRESSION DU MAUVAIS STRESS, CELUI DU DANGER IMAGINÉ ?

Grâce au **Stress Log Book** : il s'agit d'un journal de bord qui identifie nos sources de stress. Le but est d'analyser, froidement, comme nous traiterions tout autre dossier, l'origine de notre stress. L'objectif : prendre du recul, aborder les situations stressantes différemment ou pratiquer auparavant des techniques de relaxation (cf. règle d'or #13). Il s'agit d'un tableau simple à construire et à charger sur notre smartphone pour qu'il soit disponible à tout moment. Pour éviter de le remplir « à chaud », attendez deux heures, et veillez à vous trouver dans un endroit calme.

Ayez toujours votre Stress Log Book sur vous !

Voici un exemple :

STRESS LOG BOOK					
Signal (1)	**Date - heure**	**Situation**	**Intensité (2)**	**Sentiment**	**Pensée (3)**
Boule au ventre	29/07 - 17 heures	Me suis fait agresser par le directeur commercial, car des produits ne sont pas disponibles.	++	Injustice	« Il pense que je ne tiens pas mon équipe d'acheteurs alors que c'est l'usine du fournisseur qui a brûlé. »
Transpiration	30/09 - 9 heures	Présenté les offres aux clients.	+	Peur du rejet	« Ils vont trouver les conditions inintéressantes. »

(1) Le signal : ce qui m'a permis d'identifier que j'étais stressé (essoufflement, perte d'écoute, mouvement d'humeur, angoisse, épaules crispées...).

(2) L'intensité du stress en trois niveaux : +, ++, +++.

(3) Mes pensées à ce moment-là (ce que je me dis).

Après plusieurs semaines de relevé assidu, faites le tri et **identifiez les causes récurrentes de votre stress**.

Le mauvais stress résulte en effet de l'interprétation subjective d'un événement et de la projection de ce qui pourrait se produire de désagréable. Sur la base du Stress Log Book, le questionnement ci-après vise à adopter un autre point de vue sur l'événement et à vous dissocier de cette pensée automatique. Il s'agit d'apprendre à faire d'autres hypothèses tout aussi plausibles.

Un exemple courant de pensée automatique est : « Je suis stressé, parce que je veux que les gens participent activement et les gens n'aiment pas participer. »

Dans ce cas, vous pouvez vous poser les questions suivantes pour ouvrir le champ des possibles et réduire votre stress :

- Qu'est-ce qui me fait dire que les gens n'aiment pas participer ?
- Ai-je vécu des circonstances où les gens participaient énormément ?
- À quelle occasion ? Qu'est-ce qui avait été fait pour cela ?
- Moi-même, est-ce que j'aime participer ? Qu'est-ce que je ressens quand je participe ?
- Que faut-il pour je sois en confiance et que j'aie du plaisir à participer ?
- Que puis-je faire pour favoriser cette participation ?
- Quel est le niveau minimal de participation pour que je considère que mon objectif est atteint ?
- Quel est le pire qui puisse m'arriver si les gens ne participent pas ?

Ce type de questionnement nous permet de sortir du mode automatique en challengeant nos hypothèses implicites pour rouvrir le champ des possibles et éviter la pensée stressante. En complément, apprendre à se relaxer est également utile : c'est l'objet de la règle d'or suivante.

#13

COINCEZ LA BULLE AVEC LA COHÉRENCE CARDIAQUE

Parfois, nous sommes notre meilleur ennemi et nous nous faisons des films en surestimant ce qui pourrait mal se passer, en nous focalisant sur le négatif. L'évaluation d'un danger est toujours subjective.

> Par exemple, tel animateur trouvera toujours excitant de rencontrer un nouveau groupe alors que la même situation sera source de stress pour son collègue.

Concernant l'animation de réunions, les peurs les plus classiques sont :

- être jugé ;
- ne pas intéresser ;
- être perçu comme incompétent ;
- bafouiller et être ridicule ;
- ne pas savoir répondre ;
- être désavoué...

En clair : que le courant ne passe pas avec les participants.

Or, « entrer dans l'arène » avec cet état d'esprit est douloureux.

Le jour J, nous vous proposons de rythmer votre journée d'animation par une astuce simple et écologique : **la cohérence cardiaque**. Cette technique **diminue l'anxiété** par le contrôle de la respiration.

Respirez trois fois par jour.

Au XVIIe siècle, Antonio Valsalva, anatomiste italien, identifie l'arythmie respiratoire du cœur. Il découvre que le cœur se synchronise avec la respiration : l'inspiration accélère le cœur et l'expiration ralentit le cœur. C'est ce que l'on appelle la variabilité cardiaque.

La cohérence cardiaque

La cohérence cardiaque est une technique physiologique visant à faire baisser la pression. Cet exercice de respiration suit la **règle du « 365 »** :

- **Fréquence : 3** fois par jour, à intervalles réguliers, car les effets bénéfiques durent entre trois et six heures. La première séance, au lever, est la plus importante, car la sécrétion de cortisol (hormone du stress) est alors à son maximum. La deuxième séance, en fin de matinée, régule les événements de la matinée, prépare au déjeuner et à la digestion. La troisième séance, en fin d'après-midi, prépare à une soirée apaisée.
- **Intensité : 6** respirations par minute. Cette fréquence est plus lente qu'une respiration normale. Vous inspirez par le nez sur cinq secondes en gonflant le ventre, puis vous expirez sur cinq secondes par la bouche, comme si vous souffliez dans une paille.
- **Durée : 5** minutes. Il s'agit du temps nécessaire pour que le ralentissement sur le rythme du cœur soit effectif.

Pour que la cohérence cardiaque soit efficace, il vous faut pratiquer la respiration basse.

COMMENT FAIRE POUR BIEN ADOPTER LA RESPIRATION BASSE ?

Pratiquer discrètement, quand tout s'agite autour de vous avant de commencer votre réunion ? Pas facile ! Voici la technique qui nous paraît la plus efficace dans ce contexte.

- Fermez votre ordinateur et isolez-vous dans un endroit calme.
- Asseyez-vous le dos droit, pour libérer la colonne d'air. Les jambes sont décroisées, les pieds au sol.
- Prenez conscience du sol sous vos pieds, de votre bassin sur l'assise et de votre dos sur le dossier.
- Posez les mains sur le ventre, au niveau du nombril.
- Gonflez le ventre pour tirer vers le bas le diaphragme, muscle de la respiration, et augmentez ainsi le volume de vos poumons. (Cet étirement interne est en soi relaxant, grâce au déblocage du plexus solaire qui ressent le stress avant même que le cerveau l'enregistre !) Inspirez et expirez profondément en sentant bien votre ventre bouger. Vous pouvez légèrement rentrer le ventre à l'expiration pour bien vider les poumons. Si vous sentez votre main bouger grâce au ventre qui se gonfle et se dégonfle, c'est que vous êtes bien dans la respiration basse : bravo, c'est gagné !
- À chaque expiration, relâchez ensuite successivement vos épaules, votre cou, votre dos et enfin relâchez les muscles de vos jambes. À ce stade, vous devez avoir la sensation d'être posé, en contact parfaitement conscient avec le sol et le siège. À chaque expiration, pensez à détendre davantage vos muscles.

Après cinq minutes, la sensation d'apaisement apparaît.

Un conseil si vous n'y arrivez pas tout de suite : visualisez une bouteille qui se remplit d'eau. L'eau tombe au fond puis remonte ensuite progressivement jusqu'au col de la bouteille. Lors de la respiration basse, le trajet de l'air que nous inspirons suit la même logique… Fermez les yeux, visualisez la bouteille avec l'eau qui monte, et remplissez vos poumons de bas en haut.

Le bon réflexe antistress : ayez toujours votre smartphone en poche !

Vous trouverez sur Internet des applications « cohérence cardiaque » qui permettent de se caler sur six respirations par minute. Une bulle se déplace sur une sinusoïde : inspirez quand la courbe monte et expirez quand la courbe descend, jusqu'en bas. Cela permet d'allonger son temps d'expiration et son temps d'inspiration à cinq secondes. À essayer :

Ici **ou là**

CHAPITRE 2

Pendant

Cadrage précis et cocooning subtil

Ils sont venus, ils sont tous là ! Respect ! Dorénavant, votre mission est de passer le flambeau... Ne vous méprenez pas, cette réunion est la leur, pas la vôtre. Le moment leur appartient.

Votre responsabilité est de définir la manière d'opérer et de transmettre une énergie positive au groupe. Pour y parvenir, soyez obsessionnels sur la participation. Concevez des modes opératoires qui invitent au questionnement, qui créent du rythme et du mouvement physique et déplacent les frontières des habitudes. En utilisant les métaphores, apprenez à votre groupe à organiser positivement la confrontation et à traiter collectivement les points durs. Évitez les batailles d'égo ou de territoire en utilisant des techniques qui recentrent sur l'objectif.

Vos participants repartiront avec l'envie de faire, en se disant qu'ils ont eu raison d'être venu et qu'ils n'ont pas perdu leur temps.

#14

SOURIS-TOI TOI-MÊME !

Il vous est arrivé de voir débarquer votre boss avec la « banane ». Ce jour-là tout va bien. Sa bonne humeur est communicative, la réunion démarre bien. D'autres fois, les résultats sont en baisse, il y a une mauvaise nouvelle… Et même si le patron la joue « je vais bien, tout va bien », nous sentons très bien ce qui se passe. Son attitude de façade est trahie par un ensemble de signes non verbaux et paraverbaux que nous percevons immédiatement : sa tête et son cou sont raides, ses épaules sont figées et son rythme est inhabituellement lent ou rapide… Son langage corporel témoigne de son malaise. Sans le vouloir, il nous envoie de l'énergie négative.

En tant qu'animateur, votre responsabilité est d'envoyer de l'énergie positive à ceux qui ont décidé d'être là. L'énergie du groupe est en effet directement corrélée à celle de l'animateur. Alors, pour impliquer tout le monde… laissez vos problèmes au vestiaire.

L'énergie positive invite à partager un bon moment, rend convaincant, est communicative et suscite l'envie de faire. La mise en mouvement apportera de la satisfaction aux participants.

Trois étapes permettent de se mettre en énergie positive :

- **Prise de recul :** accordez-vous deux minutes au calme avant de commencer.
- **Prise de conscience :** écoutez votre état intérieur du moment et nommez-le avec un seul mot (par exemple : « concentré »).
- **Reprogrammation positive :** si votre état du moment est négatif (« tendu », « en colère »…), fermez les yeux et remémorez-vous une chose (même banale) qui s'est bien passée depuis ce matin,

en revivant la sensation avec vos cinq sens (retrouvez la couleur, le son, l'odeur, la lumière, le toucher…).

Faites de la reprogrammation positive chaque matin.

Vous avez le pouvoir de choisir votre attitude (cf. règle d'or #42) : il est parfois difficile de trouver quelque chose qui va bien depuis (seulement) le matin. Il est pourtant impératif de se donner cette contrainte temporelle, pour s'obliger à extraire avec lucidité et sans angélisme ce qui va bien de ce qui va mal.

> Par exemple : « Aujourd'hui le ciel est gris ***et*** il ne pleut pas. » Ou : « Xavier m'a dit que ma présentation ne lui allait pas ***et*** je sais maintenant quelle est sa position et je vais pouvoir agir en conséquence. »

Et dans la tête, que se passe-t-il à ce moment-là ?

Jean-Pierre Ternaux, directeur de recherche honoraire du CNRS et coordonnateur de l'Observatoire du bonheur, explique que quand on se focalise sur un événement positif, les mécanismes de récompense du plaisir se mettent en marche : il y a libération d'un neurotransmetteur, la dopamine, plus communément appelée « hormone du bonheur ». C'est l'hormone de l'action ! Elle intervient dans l'anticipation, la motivation, la projection d'émotions positives et nous pousse à positiver et à avancer (cf. règle d'or #32).

#15

FAKE IT TILL YOU MAKE IT !

Nous avons tous en tête l'image de ces sportifs qui viennent de gagner une compétition difficile :

Cette attitude spontanée, après une victoire, est à l'origine de nombreuses études. Desmond Morris, ethnozoologiste anglais, est le premier à avoir étudié ce comportement de « triumph display » (affichage de triomphe) dans son ouvrage *Manwatching* : il correspond à l'état de grâce de celui ou celle qui a dominé la situation.

La Dr Amy Cuddy, sociopsychologue et enseignante à Harvard, a repris l'étude de ce sujet et recherché l'origine de cette attitude non verbale. Chez les animaux, et notamment les grands singes, l'expression instinctive du pouvoir et de la domination se traduit par un grandissement, un déploiement et une ouverture du corps pour montrer au reste de la tribu, ou à l'ennemi, l'étendue de son potentiel de puissance.

C'est cette expression archaïque spontanée du pouvoir qu'on retrouve chez les hommes fiers et puissants, caricatures de mâles alpha : les bras en V, la poitrine en avant et le menton légèrement relevé. À l'inverse, lorsque nous nous sentons impuissants face à une situation, nous avons tendance à nous refermer et à nous faire « tout petits ».

Dans le cadre d'un meeting, notre attitude non verbale (cf. règle d'or #29) détermine ce que les gens pensent de nous. Nous sommes observés, et **si notre langage corporel véhicule l'impuissance, notre crédibilité et notre capacité à convaincre en prennent un sacré coup !**

NOTRE ATTITUDE CORPORELLE NOUS INFLUENCE-T-ELLE ?

Notre attitude corporelle influence les autres, mais peut-elle nous influencer ? Peut-on renverser la vapeur ? Notre corps peut-il changer notre état d'esprit, nos pensées et nos sentiments ? Trois questions géniales auxquelles la Dr Amy Cuddy a décidé de répondre, avec l'aide de Dana R. Carney, psychologue à la Business School de Berkeley. Pour ce faire, elles ont demandé à un panel de personnes d'adopter pendant deux minutes une attitude de « winner » (posture ouverte, occupant l'espace, le corps déployé) puis, pendant deux autres minutes, une attitude de « looser » (posture renfermée, bras croisés, en retrait). Dans chaque situation, elles ont mesuré les taux de testostérone (hormone de la domination) et de cortisol (hormone du stress). Elles ont ainsi pu observer que, chez ceux qui adoptent une posture gagnante, le taux de testostérone croît de 20 % tandis que le taux de cortisol baisse de 25 %. À l'inverse, chez les mêmes sujets adoptant une posture de retrait, le taux de testostérone baisse de 10 % alors que le taux de cortisol croît de 15 %. Cette expérience prouve donc que notre attitude corporelle peut changer notre état d'esprit. Adopter une posture gagnante permet, en deux minutes, de gagner en assertivité, en confiance et en confort.

Simulez votre triomphe avant d'entrer en scène.

Alors, la prochaine fois, avant de rentrer dans une réunion à enjeu, isolez-vous pendant deux minutes, étirez vos bras en V au-dessus de votre tête, bombez le torse, projetez votre menton en avant… et entrez en scène confiant : vous allez convaincre.

Les bonnes recettes d'Amy Cuddy

Découvrez le Ted Talk d'Amy Cuddy qui a généré 56 millions de vues (mars 2020).

#16

NE SOYEZ PAS QU'UN FACILITATEUR...

Tordons tout de suite le cou à une croyance. Bon nombre d'animateurs se considèrent comme de simples facilitateurs. La « mode workshop » devrait s'accompagner d'une animation décontractée, centrée sur les relations et la bonne ambiance dans le groupe. L'assemblée devrait donc prendre le pouvoir, diriger les débats, l'animateur intervenant le moins possible. Une main invisible et magique régulerait les débats. Foutaises ! Qui aimerait être embarqué sur un catamaran sans skipper ?

Un catamaran ne navigue pas sans skipper. Un workshop est réussi quand l'animateur affirme son leadership.

Ronald Heifetz est professeur de leadership et auteur de nombreux ouvrages sur le sujet. Il enseigne à la John F. Kennedy School of Government, à l'université de Harvard. Il est également le cofondateur du Cambridge Leadership Associates. Le premier jour de son cours sur le leadership, il commence son enseignement d'une façon un peu particulière : au lieu d'accueillir chaleureusement les élèves, il reste assis sur une chaise face à eux, immobile et silencieux, regardant le sol d'un air compassé. Par ce comportement, il refuse de jouer le rôle attendu de professeur.

Les élèves silencieux attendent. Le cours a officiellement débuté. L'horloge tourne. La nervosité gagne l'assemblée. Certains étudiants toussent. D'autres chuchotent et rient pour se donner une contenance. Les élèves sont perdus. Au bout de longues minutes, l'un d'entre eux prend son courage à deux mains et demande : « Ne serait-ce pas le moment de démarrer le cours ? » Cette première intervention initie une conversation en mode popcorn : un débat s'installe, où plusieurs points de vue s'affrontent, du « Je n'ai pas toute la journée à attendre » à « Ce doit être un exercice qui illustre un point clé du cours ». Au bout de cinq minutes d'une conversation à la fois animée et chuchotée, Ronald Heifetz se lève et déclare avec un grand sourire : « Bienvenue au cours de leadership. »

Quelle est la morale de cette histoire ? Lorsque vous ne prenez pas le leadership, vous ne l'éradiquez pas pour autant. Vous donnez juste l'opportunité à un tiers (la classe) de s'en charger. Par cette attitude, le professeur ne transmet pas son leadership et ne rend pas ses étudiants plus autonomes. Il crée juste de la confusion et de l'anxiété. Le besoin de leadership reste présent.

Il en est de même dans nos meetings quand l'animateur décide, mode workshop oblige, de se la jouer cool. En assistant à votre meeting, les invités ont choisi de venir dans votre royaume et acceptent d'être gouvernés avec gentillesse, respect et professionnalisme. Vous êtes le boss et vous définissez les règles. Mais… *quelles* règles ?

Tout simplement celles qui sont au service de vos hôtes. Celles qui épargnent à vos participants l'expérience d'un chaos proche de celui intentionnellement créé par Heifetz avec ses étudiants. Celles qui empêchent certains d'entre eux de prendre le pouvoir sur leurs collègues, voire de les tyranniser.

Vous devez assumer votre rôle d'hôte et donc votre leadership, sous peine d'aboutir à une rencontre ratée.

Pour y arriver, nous vous proposons d'adopter une posture **d'animateur généreux et autoritaire** et de suivre trois grands principes, qui seront l'objet de la prochaine règle d'or.

#17

SOYEZ GÉNÉREUSEMENT AUTORITAIRE… ET INVERSEMENT

Pour y arriver, protégez vos invités, traitez-les sur un pied d'égalité et connectez-les au plus grand nombre.

Dans la règle d'or précédente, nous avons souligné l'importance de votre pouvoir en tant qu'animateur. Faire en sorte que vos réunions s'améliorent chaque jour dépend de votre état d'esprit, de votre capacité à accepter et à assumer votre pouvoir. Si vous devez animer, animez. Si vous devez accueillir, accueillez. Si vous devez créer un environnement magique pour une heure, pour une journée, faites-le.

Voici nos trois conseils pour être généreusement autoritaire.

Un gant de velours sur une main de fer et réciproquement.

PROTÉGEZ VOS INVITÉS

C'est le plus important. Votre objectif est de protéger la qualité des débats et des échanges. Or les ennemis sont nombreux : du smartphone qui vibre au collègue agressif ou apathique, ou simplement à l'ennui qui s'installe insidieusement.

Tout commence par la qualité de votre questionnement.

Les participants confondent trop souvent « donner son opinion » et « poser une question ». Nous avons tous vécu une séance de questions-réponses où l'un des participants, au bout de deux minutes d'intervention, continue à exposer son avis sans formuler la moindre question. Nous vous conseillons de l'interrompre au bout de trente secondes par un **« Pourriez-vous reformuler votre point sous la forme d'une question ? »** ou **« Est-ce que votre point de vue nous amène à une question ? ».** Protéger vos invités consiste à bannir les attitudes qui empêchent les échanges au sein de vos meetings.

> Favoriser généreusement les échanges au travail nécessite parfois d'être également autoritaire. Un de nos amis dirige un espace de coworking sur Paris, qui réunit start-up et auto-entrepreneurs. Son objectif est de créer du lien entre ses membres. Au fil du temps, plusieurs coworkers se sont plaints d'une démarche commerciale trop agressive de la part de certains membres. Notre ami a alors défini une nouvelle règle de base : « Chacun ne peut "vendre son activité" que s'il est sollicité ou questionné par un des coworkers. Interdiction de "faire de la retape" et de la vente forcée ! »

TRAITEZ VOS INVITÉS SUR UN PIED D'ÉGALITÉ

Nous avons tous des biais cognitifs. L'ancien président Barack Obama s'en était rendu compte dans le cadre de ses conférences de presse. Les hommes levaient plus facilement la main que les femmes pour lui poser des questions. En mars 2015, au terme d'une intervention au Benedicte College de Columbia en Caroline du Sud, il décide de répondre aux questions d'un homme, d'une femme, d'un homme, d'une femme et ainsi de suite. Si après une question posée par un homme, aucune femme ne lève la main… il attend qu'une d'entre elles le fasse.

Les conversations ouvertes ont davantage lieu quand vous vous intéressez à ce que sont les gens plutôt qu'à ce qu'ils font.

Une autre manière de gommer les marques de pouvoir ou liens hiérarchiques consiste à indiquer, sur les badges de participants à une conférence, le prénom en gros caractères, le nom en petits caractères et de volontairement « oublier » le nom de l'entreprise pour laquelle ils travaillent. Le but est de favoriser les conversations ouvertes entre les participants. Et si vous arrêtiez de démarrer une conversation lors d'un cocktail professionnel par un « Et vous, que faites-vous dans la vie ? ».

CONNECTEZ VOS INVITÉS

Le dernier volet de l'autorité généreuse consiste à connecter vos invités les uns aux autres. Évitez le piège de laisser vos participants n'échanger qu'avec leurs voisins de table.

Trois astuces simples pour y parvenir.

- **Faites-leur poser des questions à leurs voisins.**
  En conférence, avant de démarrer, les speakers avertis demandent à chaque participant de poser trois questions à la personne assise à ses côtés : « Qui êtes-vous ? Pourquoi assistez-vous à cette conférence ? Qu'en attendez-vous ? » Chacun dispose de 90 secondes pour répondre à ces trois questions. Au terme de ce délai, le son d'un gong tibétain marque la fin de cette première séquence. Celui qui a répondu aux trois questions pose en retour les trois mêmes à son voisin. Il dispose également de 90 secondes qui se terminent par un second coup de gong. Si plusieurs speakers se succèdent, vous pouvez demander au public de changer de place à chaque fois.

L'objectif est de connecter le plus grand nombre au plus grand nombre.

- **Faites-les changer de place régulièrement.**
  Dans le cadre d'un séminaire réunissant un nombre plus restreint de participants (entre 10 et 100), vous pouvez suggérer aux invités de changer de place et de table à chaque pause.
- **Faites émerger des intérêts communs.**
  Au démarrage d'un séminaire international réunissant sur trois jours soixante financiers d'une même entreprise, mais issus de vingt pays différents, nous avons décidé de mettre un peu de fun dès le démarrage. En intégrant la salle, chaque invité recevait une information sur une personne partageant le même centre d'intérêt que lui. Charge à lui ensuite de la trouver !

> Par exemple, l'un des participants, passionné de bandes dessinées (il en achetait une dizaine par mois depuis vingt ans), devait retrouver un autre invité devenu auteur de bandes dessinées à ses heures perdues.

La morale de cette règle d'or est simple. Les gens ne se connectent pas par l'opération du Saint-Esprit. Nous devons concevoir nos réunions en fonction des connexions que nous souhaitons créer entre les participants.

#18

DÉMARREZ AVEC DU POSITIF, C'EST CONTAGIEUX

Comment bloquer les énergies négatives à la porte de votre meeting ? Nous savons tous que l'humeur d'une personne influence ce qu'elle pense et ce qu'elle fait. Pour compliquer un peu plus les choses, il se trouve que l'humeur ressemble à la météo en Écosse. La ville d'Édimbourg est réputée pour ses whiskies, ses châteaux hantés, ses habitants, mais certainement pas pour sa météo. Dans une même journée, vous pouvez recevoir des trombes d'eau entrecoupées d'éclaircies, jusqu'à six fois par jour. Il en est de même pour notre humeur qui peut changer du tout au tout dans une journée.

Être négatif est contagieux.

En tant qu'animateur, vous donnez le ton dès que vous intégrez votre salle de réunion. Veillez donc à être positif dans vos faits et gestes. Votre mission est double :

- **Éradiquez toute énergie négative susceptible de « planter votre meeting ».** Par défaut, la plupart des réunions sont considérées comme une peine plutôt qu'une joie. En effet, les meetings interrompent notre quotidien, sur lequel nous sommes évalués, contrairement aux réunions. Peu d'entre nous se soucient de récompenser la performance collective des participants lors d'un meeting. En poussant le cynisme à l'extrême, on peut se demander à quoi il sert d'être performant en réunion si cela ne fait pas partie des critères d'évaluation.

- **Remplacez le négatif par du positif.** Plus l'animateur adopte une posture légère et drôle, plus les échanges sont sincères et les conversations constructives plutôt que conflictuelles.

L'humour, votre meilleur assistant

Une étude conduite par les professeurs Nale Lehman-Willenbrock et Joe Allen, publiée en 2018 dans le *Journal of Applied Psychology*, révèle l'importance de l'humour dans les réunions. Pendant une année, ces deux chercheurs ont filmé 54 meetings au sein d'une même organisation. Ils se sont focalisés sur les traits d'humour, le nombre de rires provoqués dans chacune des réunions et leur impact sur la qualité des réunions. Ils ont découvert que des participants de bonne humeur sont davantage engagés et présents, et écoutent donc davantage leurs collègues. Dernier point de l'étude : l'évaluation en fin de session obtient systématiquement de meilleures notes, comparées à celles des meetings où l'animateur n'utilise pas l'humour comme émotion.

COMMENT FAIRE POUR REMPLACER L'ÉNERGIE NÉGATIVE PAR DU POSITIF ?

Tout d'abord, en tant qu'animateur, vous devez accueillir debout chaque personne individuellement en lui serrant la main, en lui souriant et en la regardant dans les yeux. Si deux personnes ne se connaissent pas, présentez-les l'une à l'autre. Considérez vos meetings comme des événements sociaux tels qu'un mariage ou un anniversaire.

Ensuite, vous devez montrer l'exemple. Votre posture positive est le meilleur rempart face aux ronchons de service. Ainsi, comme la musique véhicule bien les émotions positives, vous pouvez, dès la préparation de votre salle de réunion, diffuser un fond musical. Amusez-vous à proposer au premier participant de choisir la musique : elle marque un nouveau départ, et tranche avec ce qu'ont vécu les participants avant de vous rejoindre. Puis, dès que vous commencez, coupez brutalement la musique. Le signal est clair : le show commence.

Enfin, veillez à commencer par du positif. En tant qu'animateur, votre humeur influe sur celle des participants. Commencer par des commentaires positifs présente trois avantages : les échanges sont constructifs, le consensus plus facile et l'attention soutenue... Le fait de débuter par des remerciements (une à deux minutes maximum) envoie également de l'énergie positive. Pour que cela fonctionne, soyez sincère (incarnez réellement ce que vous dites) et factuel (remerciez les personnes sur ce qu'elles font et non pas sur ce qu'elles sont).

Comme dans un jeu de dominos, la tonalité de votre introduction donne le la pour la suite.

Commencer positivement est nécessaire, mais pas suffisant pour éradiquer la mauvaise humeur tout au long d'un meeting. La règle d'or suivante vous explique comment y parvenir.

#19

LES CINQ TRUCS ET ASTUCES POUR UN HAPPY WORKSHOP

Nous savons tous que la mauvaise humeur est contagieuse… au même titre que la bonne (cf. règle d'or précédente). Au fil de nos animations, nous avons identifié cinq bonnes pratiques pour maintenir une dynamique positive lors des meetings. Elles n'ont pas valeur de tables de la Loi, mais constituent de bons exemples de ce qu'il est possible de faire.

OFFREZ UN SNACKING EN CONTINU

Sur ce sujet, il y a souvent deux poids et deux mesures.

Si vous avez la chance de vous réunir dans un Châteauform' ou équivalent, vous serez reçu comme le roi de France. Gare à vous si votre séminaire dure plusieurs jours, vous risquez de prendre un peu de poids. Vous avez accès à tout moment à des boissons chaudes (café, thé), et à des fruits, des chocolats, des gâteaux secs… Ce snacking quasi continu donne de l'énergie à l'ensemble des participants et facilite les échanges. Il est toujours plus facile d'aborder un collègue en lui indiquant que le café est servi, accompagné de crêpes avec une confiture de myrtilles faite maison.

La nourriture suscite du plaisir individuel et favorise la convivialité, tout particulièrement en France.

À l'inverse, un meeting au bureau s'apparente davantage à un séjour dans les geôles de la Bastille, au pain sec et à l'eau. Combien de réunions démarrent-elles sur les chapeaux de roues sans café ni fruits ou, pour les plus gourmands, sans cookies ? Il s'agit d'un bien faible investissement par rapport aux bénéfices récoltés. En interne, soyez aussi généreux que les pros des réunions et des séminaires.

POSEZ DES JOUETS SUR LA TABLE

> Plum organics (marque de produits alimentaires bio pour bébés) distribue régulièrement des livres de coloriage lors de ses réunions. Selon leur Chief Innovation Officer, cité dans un article de la revue *Fast Company* en 2015 : « Colorier dans un meeting facilite l'écoute active et limite les pertes de concentration. Dans la même veine, lorsque vous souhaitez susciter davantage de créativité dans vos meetings, posez des jouets sur la table (magnets, puzzles, pâte à modeler...). »

Peut-être pensez-vous qu'il s'agit d'une astuce un peu facile pour vous empêcher de jouer avec votre smartphone ou de regarder vos derniers e-mails... et vous auriez tort, pour plusieurs raisons. Cela surprend positivement les participants en les invitant à toucher. C'est le signe que le meeting va être différent. Cela demande aussi du temps aux plus « coincés » d'accepter d'abandonner le tableau Excel pour la pâte à modeler. Et enfin, cela facilite leur concentration.

FAITES DES QUIZ

S'il est difficile de bannir la technologie de vos meetings, autant l'utiliser à votre profit. De nombreux outils (Slido, Klaxoon, Google Forms) présentent plusieurs avantages. En amont de vos meetings, vous pouvez questionner les participants sur les sujets à traiter et leur demander de les classer par ordre d'importance. Vous pouvez également, lors d'une pause, rédiger un quiz de type QCM (questionnaire à choix multiples). À chaque utilisation de ces outils, vous créez une rupture de rythme, faites réfléchir les participants et provoquez une discussion sur la base des résultats qui s'affichent instantanément. Et juste avant la clôture de votre réunion, vous pouvez lancer un questionnaire évaluant le meeting. Vous trouverez des modèles de ces questionnaires dans les annexes de cet ouvrage.

PROVOQUEZ DES DISCUSSIONS ENTRE BINÔMES

Avant de démarrer une discussion entre tous les participants, faites-les discuter par paires sur le sujet que vous venez d'évoquer. Le format est court (trois minutes maximum). Nous n'avons pas trouvé mieux qu'un tête-à-tête pour éradiquer les comportements grognons. Vous avez le droit d'être de mauvaise humeur au démarrage d'une réunion. Votre binôme également. Le fait d'échanger et d'écouter l'autre facilite le passage à un état d'esprit positif.

Cette technique présente trois avantages. Tout d'abord, elle mobilise tout le monde : difficile de refuser de parler à son binôme. Ensuite, elle stimule la créativité, parce qu'il est plus facile d'avoir des idées à deux que tout seul. Enfin, elle facilite l'engagement des « timides », pour qui il est plus confortable de s'exprimer en binôme que face à une large assemblée. Attention toutefois à être clair avec les participants, pour éviter toute frustration : cette séquence n'est qu'un échauffement. En trois minutes, il est impossible de résoudre des problèmes complexes.

PROPOSEZ DES ÉTIREMENTS

C'est simple à réaliser et cela marche toujours. Au bout de 90 minutes ou lors d'un changement de point dans votre ordre du jour, faites lever les participants et demandez-leur de toucher le ciel avec leurs bras tendus ou plus modestement de toucher la pointe de leurs pieds, jambes tendues. Trente secondes suffisent amplement pour relancer leur énergie. Vous trouverez d'autres idées de détente physique dans la règle d'or #13 sur la cohérence cardiaque.

#20

ABORDEZ LES SUJETS QUI FÂCHENT SANS VOUS FÂCHER...

« Si tout le monde pense la même chose, c'est que personne ne pense. » Cette citation de Walter Lippmann, journaliste et écrivain américain, illustre une de nos principales difficultés : nous nous ennuyons dans nos réunions, car la recherche du consensus devient la norme. Il faudrait éviter de faire des vagues pour embarquer tout le monde, sans exception.

Pourquoi ? Parce que nous sommes formatés en ce sens, depuis trois siècles... au bas mot.

LE POIDS DES TRADITIONS

Comme nous, vous avez peut-être grandi avec l'adage suivant : « Ne jamais parler de sexe, de politique ou de religion. » Ce souci d'éviter les sujets délicats ne date pas d'aujourd'hui, mais au moins de 1723. À cette époque, le révérend James Anderson rédige les bases de la constitution de la première grande loge maçonnique d'Angleterre. Ce document interdit formellement de « dire ou de faire quelque chose d'offensant, de nature à empêcher une conversation harmonieuse, porteuse de sens ». 150 ans plus tard, Thomas Eddie Hill renchérit en conseillant de « ne pas discuter de politique ou de religion en public. Vous ne pourrez pas convertir votre opposant et réciproquement[1] ».

Personne ne conteste l'idée d'éviter le triptyque des sujets sulfureux (sexe, politique et religion), surtout au bureau. Mais, au fil des siècles, une pensée magique s'est imposée dans nos réunions : un bon meeting se doit d'être harmonieux. Le fameux « ça s'est bien passé » devient l'unique baromètre d'une réunion réussie. Ce constat est d'autant plus cocasse que les personnes qui réclament de l'authenticité et du débat contradictoire dans leurs meetings sont les premières à adapter une posture de béni-oui-oui sirupeux.

1. Thomas Eddie Hill, *Hill's Manual of Social and Business Forms*, Hill Standard Book Co., Chicago, 1888.

Lors des préparations de séminaires, il est fréquent d'entendre des commanditaires annoncer : « Nous avons des non-dits à traiter. Trop d'implicite empêche de se dire les choses franchement. » Pourtant, si vous n'interviewez pas les participants en amont, vous pouvez être sûr que, le jour J, les garants de la règle « pas de vague » prendront le pouvoir. Il serait beaucoup trop risqué pour la cohésion de l'équipe de débattre des sujets qui fâchent.

COMMENT CRÉER LES CONDITIONS DE CONTROVERSES FRUCTUEUSES ?

Dans n'importe quel groupe, certains sujets génèrent plus de tensions que d'autres. Ces sujets « chauds » peuvent provoquer des conflits, susciter des postures hypocrites ou toucher à votre système de valeurs. Les thèmes brûlants renvoient ostensiblement aux peurs des participants, à l'estime d'eux-mêmes et aux relations de pouvoir.

Comment concevoir des réunions chaleureuses où la température monte un peu... sans que certains en ressortent brûlés au troisième degré ?

Une de vos missions en tant qu'animateur est d'identifier les sources potentielles de chaleur et de décider comment les traiter. Il vous faut faire preuve de doigté, car en creusant en profondeur, vous toucherez forcément aux valeurs des gens.

LA CLÉ, C'EST LA PRÉPARATION EN AMONT

Pour pouvoir aborder en workshop les sujets brûlants, vous devez d'abord les identifier.

À J-10, vous avez adressé aux participants, *via* Google forms, une liste de questions.

De J-8 à J-1, vous les avez rencontrés en tête-à-tête ou interrogés *via* Skype pour clarifier (si besoin) les réponses obtenues *via* le Google forms. En effet, l'expérience nous enseigne que ces réponses peuvent se résumer à de simples noms ou adjectifs qui nécessitent une explication de vive voix.

Dans le cadre de cet échange individuel, nous vous recommandons de poser quatre questions dérangeantes. Ce sont elles qui vous permettront de susciter un débat contradictoire :

- Quelles sont les vaches sacrées de notre équipe (sujets intouchables) ?
- Quels sont les sujets que les participants évitent inconsciemment, sans s'en rendre compte ?
- Quels sont les non-dits de notre équipe ?
- Par ces non-dits, que (qui) protégeons-nous et pourquoi ?

Pour mesurer l'importance de chaque sujet, nous vous conseillons de demander aux participants de l'évaluer sur une échelle de 0 à 20. Dans le cas de figure (vraisemblable) où de nombreux thèmes remonteraient, cette notation facilitera la priorisation des thèmes à mettre sur la table.

Par ces échanges complémentaires, vous avez amendé et enrichi votre préparation et la compréhension des problèmes sous-jacents, voire identifié de potentiels antagonismes au sein de l'équipe.

Votre phase de préparation est désormais terminée. À vous de jouer… en portant un toast !

#21

PORTEZ UN TOAST POUR FAIRE TOMBER LES MASQUES

En posant quatre questions dérangeantes (cf. règle d'or précédente), vous avez identifié les sujets délicats. Pour susciter des conversations sur les sujets qui fâchent, vous allez porter un toast de façon à créer un climat de confiance. Mettre en « préchauffage » les participants en amont d'une réunion qui s'annonce compliquée est le meilleur moyen de libérer la parole et d'arriver « lancé » en réunion.

Pour passer de la défiance à la confiance et à l'authenticité, portez un toast.

À J-1, ORGANISEZ UN DÎNER AVEC L'ENSEMBLE DES PARTICIPANTS

L'objectif de ce dîner n'est pas d'aborder les sujets qui fâchent. Cela, vous le ferez dès le lendemain, en séminaire. Cette rencontre conviviale a pour but de créer du lien et de faire en sorte que les gens apparaissent tels qu'ils sont vraiment : avec leurs forces, mais surtout, avec leurs vulnérabilités. Plus on progresse dans son entreprise, plus on se rapproche des cercles du pouvoir (codir, comex), et plus on est supposé revêtir tous les jours un costume de super-héros. Il ne fait pas bon montrer ses faiblesses au sommet de l'Olympe…

Pour animer les échanges, nous vous proposons l'exercice des toasts, à raison d'un toast par participant. Si vous êtes dix, vous porterez donc dix toasts...

Dès l'apéritif, proposez un thème de discussion. Il y a quelques années, nous proposions des thèmes positifs tels que « le bonheur au travail » ou « une vie réussie ». Malheureusement, les sujets entretenant le culte du positivisme sont moins riches, car moins contrastés : tout le monde pense rapidement la même chose (quoi que...).

> *A contrario*, nous avons encore tous en tête l'histoire de cette participante qui, sur le thème « réussir sa vie », avait partagé les derniers mots de sa mère sur son lit de mort : « J'ai passé 90 % de mon temps à me préoccuper de sujets qui n'en valaient pas la peine. »

Privilégiez des sujets forts, voire « dark side », qui invitent au débat et à la prise de position, tels que les peurs, les étrangers, les valeurs, la rébellion ou la prise de risque.

RÉUSSIR VOTRE TOAST EN TROIS ÉTAPES

Une fois le thème annoncé, demandez à chaque participant de porter un toast.

Pour ce faire, respectez trois étapes :

- Chaque participant commence par répondre à la question : « Que vous évoque le thème ? »
- Il enchaîne ensuite sur une histoire personnelle ou une expérience vécue en respectant une contrainte : il doit s'agir d'une situation d'inconfort où il s'est senti vulnérable ou peu courageux. Avoir commis une erreur ou avoir changé d'avis à plusieurs reprises sur un sujet compliqué n'est pas une situation d'inconfort

(en moyenne, nous prenons 70 décisions par jour et changeons fréquemment d'opinion sur des sujets compliqués).

Un exemple vécu pour illustrer ce qu'est un vrai sujet compliqué.

Il y a quelques années, Frédéric manage une équipe de commerciaux. L'un d'entre eux, Jacques, possède une solide expérience dans la vente. Les deux premières années, il atteint sans problème ses objectifs. Mais la troisième année se révèle catastrophique en termes de résultats, et surtout d'attitude : Jacques change du tout au tout (retards répétés à ses rendez-vous clients, oubli d'adresser des offres commerciales, agressivité en interne, etc.). Bref, Jacques n'inspire plus confiance à ses clients.

Toutes nos démarches d'accompagnement se soldent par des échecs. Au bout de six mois, la décision est prise de le licencier.

Lors de l'entretien préalable en vue de son licenciement, Jacques nous annonce : « Ma femme vient de me quitter. Mes enfants ne me parlent plus. Si vous me licenciez, je vais me suicider. »

Face à cette situation et au stress qu'elle génère, que faire ?

- Enfin, il clôture son intervention en levant son verre et en portant un toast à la morale ou leçon de son histoire.

Pour éviter que tous vos participants se regardent en chien de faïence en se demandant : « Mais qui va commencer ? », posez une dernière règle : le dernier toast sera... chanté. Ainsi, ceux qui adorent chanter se battront pour toaster en dernier, et ceux qui détestent chanter feront tout pour ne pas le faire.

Bien entendu, l'animateur participe à l'exercice. Plutôt au début, mais pas en premier. Votre intervention permettra de conforter ou de réajuster l'authenticité des premiers toasts.

La métaphore de la piscine

Exposer sa vulnérabilité ou ses erreurs contribue à faire tomber les barrières entre les gens et renforce le lien entre eux. Mais quand vous demandez aux participants de se dévoiler, vous devez les mettre à l'aise, voire les protéger. Pour les y aider, utilisez la métaphore de la piscine. Dans une piscine, vous pouvez plonger la tête la première. À l'inverse, vous pouvez utiliser l'échelle et nager uniquement où vous avez pied. À chacun de choisir : soit vous partagez vos secrets, soit vous restez superficiel. L'exercice des toasts est une invitation à l'intimité, mais chacun reste libre d'en choisir la profondeur.

#22

ALLUMEZ LE FEU… SANS CARBONISER VOS PARTICIPANTS

Votre réunion démarre. C'est le moment d'assumer votre leadership d'animateur sous peine d'aboutir à une rencontre ratée. En participant à votre meeting, les invités font le choix de venir dans votre royaume et acceptent d'être gouvernés avec respect et professionnalisme. La bonne posture renvoie à une autorité généreuse et à la règle d'or #17.

Pour traiter les sujets qui fâchent, les participants doivent prendre des risques. Ils ne le feront que si vous montrez l'exemple.

Désormais, la question qui se pose est : par quoi commencer ?

FIXEZ LE « CADRE DE JEU » AVEC DEUX QUESTIONS

Pour vous assurer des échanges francs, directs et sincères, poussez les participants à définir les règles de base en leur posant deux questions :

- Aujourd'hui, de quoi avez-vous besoin pour vous sentir en sécurité ?
- Aujourd'hui, de quoi avez-vous besoin de la part de ce groupe pour vous exprimer sans risques ?

Prendre le temps nécessaire pour répondre à ces deux questions, c'est vous donner une chance de développer l'écoute entre vos invités et de creuser en profondeur les sujets difficiles.

PARTAGEZ LES VERBATIMS EN MODE POST-IT

Ensuite, commencez à lire à haute voix le contenu des verbatims récupérés *via* le Google Forms et vos interviews par question ou par thème. Les participants racontent souvent, lors des échanges amont, des histoires « fondatrices de leur identité » que personne dans l'assemblée ne connaît. Ce riche contenu vient compléter ce qui s'est dit la veille lors des échanges du dîner (cf. règle d'or #21).

À l'aide de post-it, demandez aux participants de noter un mot ou une phrase qui les marque. S'il y a foisonnement de post-it, demandez à chacun de se limiter à partager une ou deux phrases marquantes. Cette séquence dure au minimum vingt minutes.

Comme par enchantement, les mêmes phrases sont souvent répétées par plusieurs invités. La séance des post-it présente un avantage indéniable : en mettant des mots sur des sujets conflictuels, elle rend explicite ce qui était implicite. Ce qui était dans les têtes depuis plusieurs mois devient alors clair et audible.

TRAITEZ LES POST-IT QUI GRATTENT SUR DES FORMATS DE 90 MINUTES

Le reste du séminaire traitera des phrases en tête du palmarès des invités.

Les six heures suivantes seront constituées de sessions de 90 minutes entrecoupées de pauses de 15 minutes.

Si un des participants monopolise la parole, votre mission d'animateur est de rappeler les règles de base choisies par le groupe.

Notez bien que votre animation doit être situationnelle : n'hésitez pas à laisser monter la tension pour que les sujets soient traités même si la réunion prend un tour négatif. En effet, mieux vaut traiter les sujets délicats plutôt que de rechercher trop tôt une solution apaisante.

S'il y a de la colère, rechercher une solution trop rapidement est voué à l'échec.

Ce type de meeting est le plus difficile à animer, car vous devez arbitrer en permanence entre le risque et le gain. D'une part, traiter les sujets chauds sans prendre de risques revient à espérer ne pas se brûler lorsque vous vous approchez près (trop près ?) des flammes. D'autre part, sans tension, les sujets qui fâchent ne peuvent être résolus.

Dans le cadre de nos recherches, nous avons découvert des confrères américains se présentant comme des consultants transgressifs. Ils ont conçu une démarche d'animation intitulée Sextantworks, qui consiste à organiser des meetings dans des endroits interdits tels que des châteaux d'eau dans l'État de New York. Ils sont également à l'initiative de la « Timothy Convention », événement annuel organisé au prestigieux hôtel *Waldorf Astoria* de New York. Chaque année, sous prétexte d'assister à la « Timothy Convention », quarante à cent personnes explorent les couloirs et les zones de service, dialoguent avec les clients de l'hôtel sans méfiance et s'infiltrent dans les événements officiels de l'hôtel comme les « Annual Disney Service Awards ».

L'idée est de se mettre en risque *via* des actions transgressives telles que porter un repas en chambre ou récupérer des cartes de visite de clients. Ida Benedetto, la cofondatrice de l'événement, pose deux questions à chaque participant : quel est le cadeau ? Quel est le risque ? Chaque convention est conçue pour briser un tabou ou casser des normes sociales. Par expérience, Ida Benedetto considère qu'aucun vrai cadeau ne peut être délivré sans prise de risques.

#23

COMMENT LES GAFA « FLINGUENT » NOS WORKSHOPS…

Selon l'économiste et sociologue américain Herbert Simon, « l'information absorbe l'attention de ses destinataires. C'est pourquoi une trop grande quantité d'information engendre un manque d'attention ».

Depuis quarante ans, notre confiance à devenir multitâche augmente aussi vite que la vente des smartphones. Et pourtant, nos cerveaux ne se sont pas modifiés par enchantement. La sécurité routière américaine estime que conduire en textotant équivaut à absorber trois fois la limite légale d'alcool autorisée dans le sang. La sécurité routière française estime quant à elle que conduire avec l'appareil tenu en main multiplie le risque d'accident de la route par trois. Et envoyer un SMS par vingt-trois. En France, textoter au volant est passible d'une amende de 135 euros et d'une perte de trois points sur notre permis de conduire. Pourtant, la peur du gendarme ne fait pas le poids face aux embouteillages. Dès que nous sommes bloqués dans la circulation, nous avons tous le nez sur l'écran de notre smartphone.

Il en est de même dans nos meetings où les participants peuvent utiliser entre trois à quatre appareils simultanément (PC portable, smartphone, tablette, montre connectée). Bien entendu, les risques d'accidents mortels sont plutôt rares en réunion, mais nous sommes tous capables de dresser la liste des inconvénients : incapacité à être présent, manque de respect, frustration, perte de temps, perte d'empathie, baisse de la qualité des échanges et des décisions, etc.

Nous sommes tous d'accord pour que la situation change et pourtant rien ne change...

Sommes-nous les seuls responsables de cette perte croissante d'attention ?

Tristan Harris : le repenti des GAFA

La réponse nous est apportée par Tristan Harris. En 2011, cet entrepreneur américain vend sa start-up à Google. Il y reste trois ans et collabore sur des projets phares tels que le servie de messagerie Gmail. Au terme de cette courte expérience, il constate la chose suivante : « Jamais dans l'histoire cinquante hommes blancs, âgés de 25 à 35 ans, basés à San Francisco, travaillant dans trois entreprises (Google, Apple et Facebook), n'ont eu un tel pouvoir de manipulation sur la capacité d'attention de deux milliards de personnes. »

En 2013, Tristan Harris supporte difficilement la stratégie du département R&D de Google, qui s'intéresse de moins en moins à ce que la technologie peut apporter aux internautes et à la façon dont elle peut améliorer la société. Son objectif est plutôt de capter l'attention des utilisateurs et d'en tirer profit. Bref, de faire un hold-up sur nos esprits. Tristan Harris publie alors un manifeste de 144 slides, « *A Call to Minimize Distraction & Respect Users' Attention* ». Cette présentation dénonce les techniques de manipulation des GAFA pour capter notre attention. Aujourd'hui, il joue le rôle de lobbyiste éthique *via* son think-tank *Time well spent* pour forcer les géants de la Silicon Valley à développer des applications moins addictives.

Le constat est sombre et nous n'avons aucune chance d'éradiquer totalement cette manipulation des géants du Web, qui possèdent des moyens sans limites. Au fil du temps, la situation empire et continuera à se dégrader.

Tout n'est pas perdu. Il est possible de résister, mais cela nous demandera une discipline et une volonté de tous les instants.

Comment faire et que faire ? Réponse dans la prochaine règle d'or...

En 2000, la durée d'attention d'un être humain était de 12 secondes, en 2013 de 8 secondes. En comparaison, celle d'un poisson rouge atteint 9 secondes[1].

1. Cf. étude Microsoft sur les durées d'attention, *Capacité d'attention*, printemps 2015.

#24

MANIPULEZ LES GAFA

Comment faire et que faire pour contrôler l'influence des GAFA dans nos meetings ? Voici deux pistes de réflexion et quelques outils pour agir.

LE SENS

Comme vous avez pu le remarquer, nous avons écrit cet ouvrage à six mains. Écrire ne représente qu'une partie infime de notre temps de travail… et de notre rémunération. Notre activité quotidienne est d'aider nos clients à mieux manager, et elle nous occupe dix à douze heures par jour… Quand trouver le temps pour écrire ? Comment ne pas être dérangé et distrait par cette technologie addictive ? Nous avons pris l'habitude d'écrire tôt le matin ou tard dans la nuit, à des moments où le Web s'assoupit. Nous avons également pris l'habitude de mettre nos smartphones en mode avion. Nous avons donc débuté par un geste difficile (se mettre en mode avion) dans un contexte favorable (à 6 heures du matin, on est moins nombreux sur la toile qu'à 10 heures). Cette bonne pratique matinale, voire nocturne, nous a permis de nous discipliner et de gagner nos premiers combats face aux GAFA.

La morale de cette histoire est simple : quand le jeu en vaut la chandelle, quand ce que vous faites a du sens et compte vraiment pour vous, il est possible de se déconnecter. Transposé au sujet qui nous intéresse, cela revient à se poser la question suivante : « Avez-vous besoin de vos smartphones pour réussir vos réunions ? »

L'ÉMOTION

En fin de compte, la manipulation des GAFA ressemble comme deux gouttes d'eau au problème de la mortalité routière. En 1972, le nombre de tués sur les routes en France approchait les 18 000 victimes. En 2018, il était de 3 500. Les progrès technologiques sur les véhicules ont contribué à plus qu'une division par cinq du nombre de tués, mais ce n'est pas la seule explication. Les campagnes de prévention routière ont démontré leur redoutable efficacité. Elles jouent systématiquement sur deux émotions : la peur (de mourir, de perdre son permis, d'aller en prison, etc.) ou l'humour. À ce jour, on n'a pas trouvé mieux pour faire changer un comportement que de jouer sur ces deux émotions. Pour débuter notre « digital detox », nous vous proposons d'utiliser les mêmes armes que la sécurité routière pour manipuler les GAFA.

Utilisez les émotions positives pour conserver l'attention de vos participants et leur faire oublier leur smartphone.

QUELQUES OUTILS SIMPLES POUR Y PARVENIR

Mettez les smartphones à la corbeille (à pain)

Au début de votre animation, récupérez l'ensemble des smartphones dans une corbeille à pain en précisant aux participants de les mettre en mode silencieux. Pour que le deal soit gagnant/gagnant, faites des pauses toutes les heures. Vous constaterez qu'entre 30 et 50 % des participants, ravis de boire un café et d'échanger avec leurs collègues, oublient alors de les récupérer.

Faites plus court

La meilleure façon de perdre l'attention de vos participants est d'organiser des réunions trop longues. Comme indiqué dans la règle d'or #10 « Réunissez-vous en 48 minutes », réduisez la durée de vos réunions pour diminuer l'envie d'utiliser les smartphones.

Proposez des exercices qui occupent le corps et les mains

Si, toutes les quinze minutes, vous demandez aux participants de se lever pour coller des post-it au mur, de dessiner ou de travailler en binômes sur des formats courts (cinq minutes) avec restitution dans la foulée, le risque de perte d'attention diminue.

Mettez du jeu pour inciter à faire mieux

Une des peines à laquelle l'animateur est fréquemment confronté concerne le retour des pauses-café.

> Lors d'un séminaire au vert, les participants avaient du mal à revenir en salle de réunion en temps et en heure… La règle suivante fut instaurée : chaque retardataire devait réaliser dix pompes avant de se rasseoir.

Vous pouvez également utiliser le jeu à d'autres fins.

> À chaque réunion chez Atlassian (éditeur australien), Helmut est invité. Qui est Helmut ? Un poulet en plastique qui fait « pouet pouet » quand vous lui pressez le ventre. Il est posé au centre de la table de réunion. Quand un des participants considère que la réunion dérive ou qu'un de ses collègues répète la même chose pour la troisième fois, il saisit Helmut et appuie dessus. Le message sonore est clair : « Nous dérivons. Revenons à l'essentiel. »

> Un de nos clients fonctionnant en mode agile mixe astucieusement carotte et bâton pour réduire l'utilisation de la technologie dans les meetings. Si les participants n'ont utilisé ni leur ordinateur ni leur smartphone durant les réunions, ils reçoivent une viennoiserie à l'issue de celles-ci.

Quel que soit le chemin que vous décidez d'emprunter, il renvoie à un point clé : votre autodiscipline et votre propre motivation. Soit vous vivez le fait de ranger votre téléphone portable dans votre poche comme une contrainte. Soit vous considérez que la meilleure façon de participer à une réunion est d'être attentif à ceux et celles qui vous entourent, car on n'a pas trouvé mieux que d'échanger avec les autres pour créer du lien et progresser… et rendre nos réunions utiles.

#25

« TA GUEULE, ILS SONT SOURDS »

Ça y est. Vous y êtes. Tous les participants sont confortablement installés. Le « Monsieur Loyal » a délivré son court message de bienvenue. C'est à vous de jouer. Votre défi est de harponner, au sens métaphorique, vos participants. Comme le capitaine Achab cherche à le faire pendant les sept cents pages de *Moby Dick*. Malheureusement, le silence est loin d'être total. C'est même le contraire. Un brouhaha incroyable remplit l'espace sonore. Certains surfent sur Internet, d'autres lisent leurs e-mails ou discutent avec leurs voisins, voire dessinent sur leur cahier... Que faire ?

La tentation serait grande de hausser le ton pour obtenir le silence. Erreur fatale : cela conduirait inévitablement à monter le niveau sonore de l'assistance. Faites l'inverse en appliquant le « Ta gueule, ils sont sourds » de Nicolas Jouhet. La paternité de cette formule choc revient en effet à cet acteur jouant le rôle d'un délégué syndical dans le film *L'Exercice du pouvoir*. Il est également expert auprès de l'APM (Association pour le Progrès du Management).

« TA GUEULE »...

« Ta gueule » car, pour capter l'attention, nous vous conseillons de commencer votre intervention par un silence, en cherchant du regard des points d'appui dans le public en face de vous, sur votre gauche et sur votre droite. La qualité du lien que vous instaurez avec votre public sécurise votre intervention. La confiance en soi vient du regard des autres.

Captez l'attention en vous taisant.

Osez un regard de complicité, souriez à votre auditoire. Le seul risque encouru sera d'en recevoir de nombreux en retour. Le sourire est contagieux, comme le silence d'ailleurs...

Voilà le contact établi.

… « ILS SONT SOURDS. »

Imaginez que vous vous adressez à un public de malentendants. Pour être sûr d'être compris, vous n'allez pas augmenter le volume de votre voix. Vous allez articuler exagérément pour que les participants puissent lire sur vos lèvres.

Il en est de même avec tout type de public.

En vous obligeant mécaniquement à ralentir votre débit vocal, cette pratique présente trois avantages :

- Les auditeurs assimilent mieux ce que vous dites, ils ont le temps de comprendre votre logique et la portée de vos propos. Et vous vous donnez plus de temps pour concevoir correctement vos prochaines phrases.
- En ralentissant, vous partagez votre sérénité, renforcez votre assertivité et installez vos propos.
- Un rythme posé vous aide à bien respirer. Vous êtes davantage détendu.

#26

LAISSEZ-LES DÉFINIR LES RÈGLES DU JEU

Il est essentiel de bien débuter votre réunion : anticipation des sujets à risque (cf. règles d'or #20 & #21), salle adaptée (cf. règle d'or #6) et accueil soigné (cf. règle d'or #18)...

Vos participants sont dans des conditions favorables et savent que les bons sujets (même les plus sensibles) seront traités.

Mais tout n'est pas encore joué pour que cela se passe bien...

Nous avons tous vécu des vacances formidables avec des amis formidables... mais en réalité, étaient-elles si excellentes que cela ? Cela dépend des cas de figure. Si vous partez ensemble depuis plusieurs années, des règles tacites se sont installées (qui fait les courses, qui prépare le déjeuner, qui bricole, etc.). On se met d'accord sur ce que les enfants sont autorisés à faire et à quelle heure ils vont se coucher. Les différends sont minimes et l'expérience suffisamment agréable pour avoir envie de la renouveler. Tout le monde se connaît bien... et ça roule ! À l'inverse, si vous partez en vacances avec vos amis pour la première fois, chacun découvre la vision du monde de l'autre et là... c'est plus compliqué.

Pour vos réunions, c'est pareil. Le pur « laisser-faire » comporte de sérieux risques (cf. règle d'or #16). Penser que les choses vont se mettre seules en place est une erreur.

Comment faire en sorte que les choses soient claires sur la manière de fonctionner dans le groupe ?

LES RÈGLES DU « JE »

Une première possibilité consiste à déterminer vous-même les règles avec un petit jeu de mots (un peu d'humour ne peut pas nuire... cf. règle d'or #18).

Dans les règles du « JE », deux versions sont possibles :

Règles du « JE », version 1

- **JE est JE (je parle en mon nom exclusivement).**
- **JE garde pour moi (ce qui est dit ici ne sort pas de la salle).**
- **JE ne (me) censure pas.**

Règles du « JE », version 2

- **JE suis bienveillant.**
- **JE pratique une écoute attentive.**
- **JE parle avec une intention précise et JE pèse mes mots.**
- **JE fais confiance (au groupe) et JE lâche prise.**
- **JE parle en mon nom.**

Cette façon de fonctionner présente l'avantage de la rapidité mais rien ne vous assure que vos règles, imposées, soient… suivies.

LES RÈGLES DU « EUX »

Comme pour les ordres du jour interactifs (cf. règle d'or #9), les bonnes règles sont les règles qui émanent des participants. Nous vous proposons donc de fixer des règles du « EUX ».

Demandez-leur l'ambiance qu'ils veulent pour la journée.

Voici une manière simple et rapide d'y parvenir en quatre étapes.

- Commencez par poser la question suivante : « Quelles sont les règles et postures individuelles et collectives qui vous semblent nécessaires pour que cette journée/réunion se passe bien ? »

- Chaque participant écrit (lisiblement !) une réponse par post-it.
- Chacun expose son point et pose son post-it sur un paperboard.
- S'il vous semble manquer quelque chose, surtout, ne complétez pas mais posez des questions orientées (par exemple : « Avez-vous pensé à évoquer l'utilisation des mobiles et des PC ? »)... et voyez si le groupe accroche et veut compléter.

Ces règles, visibles de tous, constituent la plateforme de fonctionnement partagée par l'ensemble du groupe. Vous restez en position basse (cf. règle d'or #27).

Si quelqu'un s'écarte du chemin tracé par le groupe, avant même que vous interveniez, un participant fera référence aux règles affichées pour remettre le « déviant » dans le droit chemin.

Vous aboutissez à un résultat certes subjectif, mais tout groupe est subjectif. La règle du « EUX » est donc un excellent levier pour aider les participants à passer du stade « passif résistant » au stade « pro-actif impliqué ».

Passez à la démocratie en entreprise grâce au socio-constructivisme

Construire ensemble, c'est garantir l'acceptation des règles et leur respect par tous.

- **Règles du « EUX » : nous élaborons ensemble, « à partir de » et en confrontant nos expériences. Cette approche relève du socio-constructivisme (L. Vygotski), vision la plus aboutie de l'apprentissage collectif.**
- **Règles du « JE » : l'approche « je montre et tu fais », de type behavioriste (ou comportementaliste, voir I. Pavlov puis B. Skinner), génère au contraire des actions réactives pauvres en initiative et en autonomie.**

#27

DONNEZ-LEUR LA PAROLE

En tant qu'animateur d'une session de séminaire ou d'une réunion, vous avez préparé de fond en comble et vous savez exactement où vous voulez aboutir. Résultat, vous voulez à tout prix tenir le timing : votre volonté d'amener le groupe à adopter vos conclusions et votre tentation interventionniste sont fortes. D'une main de fer dans un gant de velours, vous voulez maîtriser les échanges...

Attitude louable certes, mais dont la conséquence est de démotiver l'assemblée qui, au bout de quelques minutes, plonge dans son téléphone portable.

Vous devez cultiver deux attitudes pour libérer la parole et faire bénéficier la réunion de la richesse des points de vue.

LA POSITION BASSE

De la position haute à la position basse, il n'y a qu'un pas... mais c'est à vous de le faire.

La position basse, cela signifie que l'animateur ne sait pas. Il est là pour révéler ce que les autres savent. Sinon, les participants se mettent, spontanément, en position d'attente. Ils deviennent « clients » passifs, suiveurs ou opposants de la réunion... mais pas acteurs. Affirmer « je n'ai pas la solution, c'est vous qui l'avez » nécessite humilité et modestie.

Deux postures essentielles sont à adopter :

- Écouter et recevoir ce qui est proposé.
- Accueillir la pensée de l'interlocuteur. Voire accepter de faire ce qu'il propose.

La position basse est paritaire. Elle renforce le rapport d'adulte à adulte, coresponsabilise et engage les participants. L'animateur renforce sa légitimité en laissant éclore leurs pensées et en les faisant grandir.

The servant leadership, version réunion

Popularisé dans les années 1970 par Robert K. Greenleaf, le concept du *servant leadership* (« leadership par le service ») s'articule autour de la « position basse ». Le manager, en donnant plus qu'il ne prend, est au service de ses collaborateurs pour les aider à réaliser les objectifs communs. Lors des réunions, en faisant du besoin des participants une priorité, il déclenche chez eux l'« envie de donner » à leur tour : donner leur avis, leur temps, leur engagement... Ce phénomène a été parfaitement mis en lumière par Adam Grant (professeur à Wharton) dans son ouvrage *Give and Take* (Éditions Phoenix). Le participant passe de consommateur à acteur de la réunion.

LA PAROLE INVERSÉE

Si nous voulons que chaque personne apporte son avis réel, il est nécessaire que nous fassions « tourner la parole » en commençant par la personne la moins « gradée », par exemple l'alternant qui a rejoint l'équipe depuis un mois. Puis, en remontant l'échelle des grades jusqu'au patron, qui parle en dernier.

Pourquoi cet ordre ? Tout d'abord parce qu'il présente l'avantage de réduire l'effet d'influence. De plus, les personnes non expertes et récentes dans le groupe, en regardant le problème d'un angle inhabituel (ou original), trouvent bien souvent des solutions inédites, qui peuvent s'avérer plus performantes.

En tant qu'animateur, nous devons, dans ce type de configuration, faire preuve de patience et accepter l'imperfection. Car la parole inversée, en enrichissant le débat, développe aussi chez les participants leur capacité à structurer leur pensée.

Les méfaits de la pression sociale

En 1950, Solomon Asch, chercheur en psychologie au Swarthmore College (USA) fait croire à des sujets qu'ils participent à un test de perception visuelle. Chaque sujet est placé dans un groupe avec sept autres personnes. On leur présente un premier tableau sur lequel est dessiné un trait vertical de référence, et un second tableau comportant trois traits verticaux. On leur demande alors de déterminer laquelle de ces trois lignes est de même longueur que la ligne isolée. La réponse doit être donnée à voix haute.

Chez les participants, en réalité, une seule personne est un « vrai » participant. Les sept autres sont des complices qui fournissent la même fausse réponse à certaines combinaisons de traits.

Solomon Asch observe alors que, quand les complices donnent sciemment une mauvaise réponse, les « vrais » participants donnent, dans 37 % des cas, la même mauvaise réponse, malgré leur intime conviction. Ils ont donc opéré une distorsion de leur jugement sous l'influence du groupe, qu'ils préfèrent suivre afin d'éviter le désagrément du désaccord. C'est ce que l'on nomme « la dépendance normative » : être dans le groupe est plus important que d'exprimer ce qu'on a vu effectivement.

Mais Solomon Asch observe également qu'il suffit qu'un seul complice donne la bonne réponse pour que le taux de mauvaises réponses de la part des « vrais » participants ne soit plus que de 5 %. C'est la magie du support social : on est plus facilement rebelle à deux !

Nous vous conseillons la vidéo suivante :

#28

BOUGE DE LÀ !

Vous connaissez probablement ce titre du rappeur français MC Solaar. Quatorze semaines consécutives au Top 50 en 1990... Pas mal pour ce single, considéré comme le premier grand tube du rap français. Nous vous proposons de garder l'énergie du rap et d'appliquer ce « bouge de là ! » à vos réunions.

Olivier, cadre dans un grand groupe international, a le « privilège » d'être invité aux « grand-messes » de sa boîte. Il va donc passer sa journée dans l'amphithéâtre d'un grand hôtel situé près de l'aéroport d'une capitale européenne. Après s'être levé tôt pour prendre le premier avion, le voici scotché sur un siège confortable de l'amphi de 300 places. Pour que la scène soit bien éclairée, la salle est plongée dans la pénombre. Mortel... Il tombe dans les bras de Morphée deux fois sur trois, ce qui amuse d'ailleurs beaucoup ses petits camarades. Mais il n'est pas seul dans sa détresse : un cadre sur trois a déjà piqué du nez pendant une réunion[1].

Que faire pour éviter cette somnolence qui touche plus d'un million et demi de cadres par an ? Le pédagogue Eric Jensen, fondateur de *The Learning Brain Expo*, nous propose la chose suivante : « Tout stimulus introduit dans notre environnement immédiat, qui est soit nouveau, soit d'une forte intensité émotionnelle (contraste), obtiendra immédiatement notre attention. »

---

1. Étude Ifop Wisembly menée auprès de 1 001 cadres : « Les réunions et leur impact sur l'engagement des collaborateurs », 2018.

SOYEZ FOCUS ET RYTHMÉ

Premier constat : au bout de dix minutes à écouter la même voix, notre attention décroît significativement.

Notre premier conseil pour résister est d'appliquer la règle absolue des grand-messes chez Apple : prévoir **moins de dix minutes par intervention**[1]. Pour captiver votre auditoire, évitez les monologues et soyez concis (quitte à reprendre la parole plus tard). Hermann Besin, patron historique de Colgate Palmolive, donnait régulièrement ce conseil pour y arriver : « Give me three reasons after that it's trivia. »

Donc, avant de démarrer, vous devez pouvoir répondre à cette question : « Quels sont les trois points essentiels que les participants doivent retenir de mon intervention ? » Et vous verrez, trois priorités en dix minutes, ça tient.

Notre deuxième conseil est de **changer quelque chose toutes les sept minutes** (et pour les réunions virtuelles à distance, toutes les quatre minutes). Cela ne veut pas dire que le contenu de la réunion doit être de seulement sept minutes, mais qu'un changement de rythme doit être opéré toutes les sept minutes.

> Par exemple, si vous faites un « Point Qualité » avec des histogrammes, après sept minutes, projetez des vidéos de clients. Puis, pendant les sept minutes suivantes, demandez aux participants de proposer des voies d'amélioration possibles.

1. En 1998, à Cuba, Fidel Castro a battu un record des plus originaux : un discours de politique générale sur l'avenir de l'île a duré pas moins de 7 heures et 15 minutes, sans une seule interruption du « Leader Maximo ». De quoi endormir les Cubains.

Pourquoi sept minutes ? Parce que l'hippocampe[1], la partie du cerveau qui permet la mémorisation et l'apprentissage, a une capacité de stockage réduite à environ sept minutes. Au-delà de cette durée, notre cerveau a besoin de temps pour gérer l'information, avant d'être à nouveau opérationnel à 100 %.

CULTIVEZ LE MOUVEMENT

Second constat : nous passons plus de 7 heures 30 par jour dans la position assise. Or rester assis plusieurs heures d'affilée engendre 40 % de pression supplémentaire sur la colonne vertébrale par rapport à une posture debout[2]. Conséquence : placé dans une situation inconfortable, le participant pense à son dos et finit par décrocher.

Invitez les gens à se déplacer pour effectuer une action.

Notre troisième conseil est donc, au-delà de la mise en place du stand-up meeting (moins de temps / plus de mobilisation, cf. règle d'or #11), de **faire changer vos participants de place au cours de votre réunion**. Fixez-vous un objectif lors de la préparation : « Chaque participant changera de place *a minima* trois fois pendant cette réunion. » Bien entendu, ce type de technique nécessite une configuration de salle modulable avec des tables et chaises mobiles (cf. règle d'or #6).

Pour compléter notre exemple précédent, faites lever les gens pour aller toucher de plus près, sur une table, les principaux défauts produits constatés. Emmenez-les voir de près un poster

1. L'hippocampe, petite zone située dans la partie basse du cerveau, joue un rôle primordial dans la mémorisation. Le passage de la mémoire à court terme (ou mémoire de travail) à la mémoire à long terme s'effectue grâce à l'hippocampe. Cette mémoire de travail fonctionne comme une mémoire tampon : les informations peuvent y être rapidement effacées, ou stockées dans la mémoire à long terme. En cas de trop-plein, c'est l'effacement qui s'active au détriment de la mémoire à long terme.

2. Étude "Medical News Today", 2019.

du nouveau process que vous aurez collé au mur. Proposez-leur un « walk and talk » en binôme (à la façon d'Aristote, qui questionnait ses élèves en marchant) pour débattre de deux options.

Le mouvement physique accroît l'attention et la réflexion. Se déplacer régulièrement dans l'espace procure un regain d'énergie et d'attention collective. Le sang circule mieux vers le cerveau, le corps s'oxygène et le changement de perspective permet de voir les choses différemment. Vous évitez ainsi la perte de concentration du groupe, voire la sieste des plus discrets.

Le mouvement, c'est la vie !

#29

ALLEZ AU-DELÀ DES MOTS !

Il y a plus de trente ans, les professeurs d'écoles de commerce scotchaient les étudiants en assénant, avec aplomb, la fameuse règle des 7-38-55. Dans l'impact d'une communication entre un speaker et son public, les mots comptent pour 7 %, la voix, la capacité à varier les intonations et la tonalité pour 38 %, et le langage corporel pour 55 %. Depuis, l'étude américaine à l'origine de ces pourcentages a été contestée (voir plus bas). Pour autant, le rapport d'impact entre verbal, paraverbal et non-verbal respecte ces ordres de grandeur.

Les trois modes d'expression qui déterminent la communication

La PNL (programmation neurolinguistique) et l'AT (analyse transactionnelle) ont mis en lumière *trois modes d'expression qui déterminent la communication*. Ainsi, communiquer, c'est activer, plus ou moins consciemment :

- **le verbal** : ce sont les mots et les phrases employés, qui intègrent les spécificités culturelles. Ce contenu verbal véhicule le sens et représente le fond ;
- **le paraverbal** : c'est le ton, le timbre, le volume, le rythme et la hauteur de la voix… grâce auxquels nous sentons l'énergie derrière les mots ;
- **le non-verbal** : ce dernier regroupe les positions corporelles, la gestuelle, les attitudes, les expressions du visage, la couleur de la peau, etc.

7 %… Avec un impact aussi faible des mots dans les messages, on peut légitimement se demander s'il est encore utile d'ouvrir la bouche pour se faire comprendre. C'est ce paradoxe qu'il faut dépasser quand vous communiquez.

Le fond, c'est le verbal, le contenu, les phrases… Son impact est faible. C'est pourtant ce que vous avez le plus travaillé à l'école et c'est ce que vous contrôlez le mieux : vous pouvez passer un temps infini à réécrire vos messages. Alors que ce n'est pas le plus décisif !

L'impact de la forme est fort et c'est ce que vous contrôlez le moins bien. Concernant le paraverbal, vous pouvez encore consciemment, en partie, le contrôler (poser votre voix, ralentir son débit, moduler son volume…). En revanche, en ce qui concerne le non-verbal, c'est plus compliqué : il s'agit de comportements réflexes, archaïques, ancrés en vous et qui se déclenchent à votre insu. Phénomène qui peut trahir un décalage entre ce qui est dit et ce qui est vécu par celui qui parle : on peut, par exemple, non verbalement, transmettre de la nervosité alors qu'on tient un discours de sérénité, ou communiquer de l'angoisse alors que l'on tient des propos optimistes. Quant à surjouer par exemple la sérénité ou l'optimisme, c'est peine perdue. Ça ne fait qu'aggraver la dissonance… et personne n'est dupe !

Pour retrouver de l'alignement entre ce qui est ressenti et ce qui est dit, répondez à ces trois questions :

- **Comment parler plus vrai**, être plus transparent et rapprocher mes mots de la réalité que je ressens ?
- **Comment consacrer plus de temps à travailler la forme** de mon message, mon attitude, ma voix, qui impactent tant la crédibilité de ma communication ?
- **Comment me relaxer** davantage avant une prise de parole à enjeu ? (cf. règles d'or #12 & #13)

Pour convaincre, arrêtez de rédiger et réfléchissez à la manière d'en parler.

Dans le cadre du lancement de l'iPhone en 2007, Steve Jobs et ses équipes ont consacré 250 heures (dont 90 % sur la forme et 10 % sur le fond) à la préparation de la célèbre keynote de présentation... d'une durée d'une heure vingt.

La règle des 7-38-55 : une combinaison magique sujette à caution...

Les sources de ces données sont issues de deux études controversées réalisées en 1967 par Albert Mehrabian, chercheur à UCLA. Ses expériences sont sujettes à caution car elles ne mettaient en scène que des femmes, qui ne prononçaient qu'un seul mot, sur un ton sans cohérence avec le mot. De quoi s'interroger sur la fiabilité des conclusions ! Des études plus sérieuses ont ensuite remis en cause les travaux d'Albert Mehrabian.

Ainsi, l'ancien agent du FBI Morgan Wright, expert reconnu en cyberterrorisme, formateur du FBI, de la CIA et de la NSA sur la détection de mensonges, a réalisé en 2014 une expérience avec trois groupes d'enquêteurs. Il a demandé au premier groupe d'écouter (sans voir) les vidéos d'interrogatoires de 300 dossiers criminels, au deuxième groupe de les regarder (sans écouter) et au troisième groupe de les regarder et de les écouter.

Le taux de réussite du premier groupe (groupe son) pour déterminer la culpabilité était de 55 %, celui du deuxième groupe (groupe images) de 65 %, et celui du troisième groupe (son et images) atteignait 85 %.

- **Les résultats de cette étude montrent que plus les informations sont complètes et simultanées, plus le message reçu et décrypté par l'auditoire est clair. Nous ne pouvons pas plus faire l'économie du fond (ce que nous disons) que celle de la forme (comment nous le disons).**

#30

RACONTEZ-LEUR DES HISTOIRES

En sortant d'une réunion ennuyeuse, les participants peinent généralement à trouver des mots assez durs pour décrire le supplice qu'ils viennent d'éprouver. À l'image d'un Talleyrand qui, à la suite d'un conseil tenu par Louis XVIII pendant trois heures, répondit à quelqu'un qui l'interrogeait sur ce qui s'était passé : « Trois heures. »

Pourtant, quelle bonne idée de réunir votre équipe lorsque vous avez besoin de recueillir les avis ou les idées de chacun ! Lorsque l'enjeu concerne tout le monde, n'hésitez pas : mobilisez le collectif !

Alors, comment faire, en tant qu'animateur, pour recueillir les avis et les idées de chacun tout en évitant de subir une suite de monologues ou un débat désordonné ?

Dans son dernier livre[1], Priya Parker conseille d'inviter chacun à raconter des histoires et des expériences vécues pour illustrer son propos plutôt que de donner son opinion brute de fonderie. En effet, à une opinion, on peut toujours opposer une autre opinion... et il y a peu de chances que vous finissiez à l'heure. Et au bout d'un moment, plus personne n'écoute, ni ne s'écoute.

Parce qu'un récit est plus engageant qu'une explication, parce que pour accaparer l'attention de ceux qui nous écoutent, rien de tel que de partager une histoire, demandez à chacun d'adopter une posture de conteur.

Raconter une histoire est une pratique puissante. Pourquoi ? Parce qu'elle s'adresse à notre cerveau primitif en court-circuitant notre

---

1. Priya Parker, *The Art of Gathering: How We Meet and Why It Matters*, Riverhead Books, 2018.

rationalité. Ainsi, la joie ou la tristesse que nous ressentons au théâtre ou en regardant un film nous envahissent, malgré la conscience raisonnée d'assister à une fiction. Raconter une bonne histoire, bien adaptée à son idée, c'est s'assurer d'avoir un impact bien plus grand qu'en étayant une argumentation rationnelle devant un triste PowerPoint…

Une bonne histoire suscite plus d'intérêt qu'une explication.

La posture de conteur nous entraîne aussi à ordonner nos pensées, à adopter des perspectives diverses et à poser des mots sur nos émotions. En retour, écouter les histoires des autres développe notre empathie. Nous sommes naturellement captés par l'intérêt d'un récit, la façon dont chacun exprime ses ressentis et partage son expérience.

MAIS AU FAIT, C'EST QUOI, UNE BONNE HISTOIRE ?

Voici trois règles de forme qui vous guideront pour captiver un auditoire en réunion.

- **Une bonne histoire se doit d'avoir une structure.**
  En voici une simple en quatre temps[1] :
  – décrire la **Situation (S)** ;
  – exposer la **Complication (C)** ;
  – qui débouche sur une **Question (Q)** ;
  – qui vous donne l'occasion d'apporter votre **Réponse (R)**, ou résolution.

Par exemple : il y a une tâche à effectuer (S), mais quelque chose nous en empêche (C). Comment allons-nous faire (Q) ? Nous allons travailler en équipe (R).

1. Inspirée du livre de Barbara Minto, *Le principe de la pyramide*, Eyrolles, 2018.

- **Une bonne histoire doit passer par un moment de vulnérabilité**. C'est ce qui fait basculer naturellement les gens qui vous écoutent en empathie.
- Enfin, **une bonne histoire doit apporter sa dose de surprises**, source de dopamine qui stimule notre cerveau, comme vous le lirez aussi dans la règle d'or #32.

Facilitez-vous la vie en adoptant, avec vos équipes, un mode d'échange qui favorise l'expression des émotions !

#31

QUESTIONNEZ POUR ÊTRE ÉCOUTÉ !

Une croyance tenace affirme que la communication est de la responsabilité de l'émetteur. Émettre ne garantit en rien l'attention des participants.

Vous êtes responsables de ce que vous dites, mais pas seulement. Votre auditoire reçoit-il ce que vous émettez ?

Pour être reçu 5 sur 5, vous devez renverser la proposition. La communication est de la responsabilité du récepteur.

COMMENT ÊTRE SÛR D'ÊTRE ÉCOUTÉ DÈS LE DÉBUT ?

En posant une question rhétorique qui fera réfléchir notre auditoire. Une question rhétorique est une figure de style qui consiste à poser une question n'attendant pas de réponse, cette dernière étant connue par celui qui la pose.

N'attendez pas que les 300 participants vous répondent à tour de rôle, cela serait trop long... Il s'agit avant tout de les mobiliser en les faisant réfléchir à la réponse qu'ils formuleraient.

Quel est l'intérêt de cette démarche ? Déjà, vous suscitez la curiosité. Même si les participants savent que vous allez leur fournir la réponse, ils réfléchissent à la réponse qu'ils formuleraient si vous les interrogiez réellement. De plus, vous créez une surprise qui crée l'envie d'en savoir plus, et ce faisant vous aidez l'auditoire à se concentrer et stimulez la sécrétion de dopamine, neurotransmetteur du cerveau lié à la motivation et à la concentration. La dopamine contrôle les centres de récompense et de plaisir dans notre cerveau.

QU'EST-CE QU'UNE BONNE QUESTION ?

- Elle concerne directement les participants ou le sujet.

  Voici quelques exemples. « Connaissez-vous l'histoire du bois des chaises sur lesquelles vous êtes assis ? » « Comment faire pour mobiliser des fonds alors que les banques ont gelé tout crédit ? » « À votre avis, combien d'eau aurez-vous perdu quand vous sortirez de cette salle ? »

- Elle doit saisir la personne. Ceux qui vous écoutent ne se sont jamais posé la question de cette façon.

  Par exemple : « Pourquoi, alors que tous nos centres R&D sont situés en Europe, 60 % de nos innovations sont-elles issues de nos fournisseurs en Chine ? »

- Elle introduit une tension : il y a un problème, a priori impossible à résoudre.

  « Comment faire, alors que nos coûts salariaux sont gelés, pour recruter les meilleurs du marché ? » « Comment faire pour produire des voitures toutes options en baissant nos coûts de 15 % ? »

Les racines de la question rhétorique

L'origine de la question rhétorique remonte à la Grèce antique et à l'éclosion de l'art oratoire. À l'époque, la rhétorique (du grec *rhêtorikê* « art de bien parler »), maniée par les sophistes grecs et codifiée par Aristote, se préoccupait principalement de persuader.

La question rhétorique soutient un discours et n'attend pas de réponse. Elle a pour but d'inciter le public à partager le point de vue de l'intervenant.

#32

APPRENEZ-LEUR QUELQUE CHOSE DE NOUVEAU

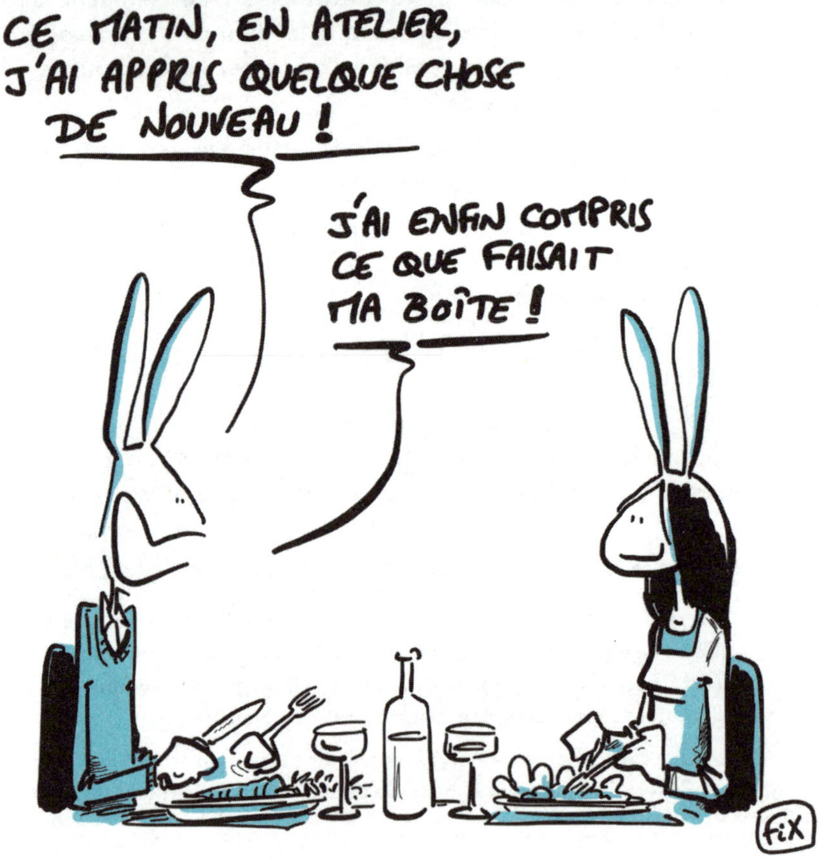

Une autre manière de se connecter à son auditoire consiste à lui apprendre quelque chose de nouveau.

Apprendre nous stimule.

Selon John Medina, chercheur en biologie moléculaire de l'université de Washington, 99 % des espèces ayant vécu sur Terre ont disparu. Il existe deux façons de survivre face à un environnement hostile : être le plus malin, ou être le plus fort. Nous avons choisi la première option : si l'homme de Cro-Magnon n'avait pas été curieux et soucieux d'apprendre pour s'adapter, il n'aurait eu aucune chance de gagner la bataille face à l'homme de Néandertal, réputé plus fort. Selon John Medina, « nous sommes des explorateurs naturels poussés par un irrésistible besoin d'apprendre de nouvelles choses. Notre soif de connaissance est un moteur tout aussi important que la soif, la faim et le sexe[1] ».

Lorsque nous apprenons quelque chose de nouveau à notre auditoire, quelque chose qui le fait réfléchir, nous comblons un besoin primaire et accrochons son attention.

Au-delà de ce besoin d'apprendre de nouvelles choses, quel plaisir apprendre des choses dont nous ignorions l'existence !

Dopez-les à la dopamine

Martha Burns dirige une équipe de chercheurs en neurosciences à l'université de Northwestern. Elle aide notamment les professeurs à devenir de meilleurs enseignants. Elle montre qu'apprendre quelque chose de nouveau procure à notre cerveau une stimulation aussi importante que le jeu ou la drogue. Cette addiction provoque une réaction chimique dans notre cerveau. Lorsque l'information que nous délivrons est nouvelle et excitante, nous augmentons le niveau de

1. John Medina, *Les 12 lois du cerveau*, Éditions S. Leduc.

dopamine dans le cerveau de notre public. Augmenter notre niveau de dopamine permet de nous maintenir en bonne santé ou de retenir plus facilement un flux d'information important.

TROIS CONDITIONS POUR AUGMENTER LE NIVEAU DE DOPAMINE DE VOS PARTICIPANTS

Vous devez respecter trois conditions pour augmenter la dopamine de votre public en apportant une information nouvelle :

- Sur un sujet déjà connu, apprenez-leur quelque chose, alors que tous pensent avoir fait le tour du sujet.
- Apportez un résultat surprenant, une information inédite.
- Présentez le sujet sous un angle nouveau.

Voici quelques exemples. En moyenne, une femme américaine passe dix-sept ans de sa vie à faire un régime. Les distributeurs automatiques tuent plus de gens que les requins. La moitié de l'ADN des humains est le même que celui des bananes.

La conférence TED de l'explorateur Robert Ballard présente sous un angle nouveau sa connaissance des océans :

Trois exemples clés de son intervention pour vous en convaincre : 50 % du territoire des États-Unis est aquatique. La plus grande chaîne de montagnes de la Terre s'étend sous l'eau. Les eaux profondes des océans contiennent plus d'histoire que tous les musées existants sur Terre.

#33

RÉCHAUFFEZ LA PLANÈTE AVEC L'ICEBREAKER

Ce matin, bonne nouvelle, tout le monde est à l'heure à la réunion hebdomadaire qu'anime Charles. Pourtant, en dépit de ses « on y va ! » incantatoires, personne ne lève le nez de son smartphone et la réunion démarre poussivement. Personne n'est vraiment présent. Dans « *Why Your Meetings Stink - and What to Do About It*[1] », Steven G. Rogelberg partage les résultats d'une étude menée auprès de 2 300 managers, où 73 % d'entre eux admettent profiter des réunions pour faire autre chose. Logique : les gens vivent les réunions comme des interruptions qui les éloignent de leur « vrai » travail.

Le démarrage est donc fondamental pour faire décoller la réunion. La qualité de l'accueil y contribue (cf. règle d'or #18), mais ensuite l'icebreaker peut vous aider.

C'EST QUOI UN ICEBREAKER ?

Généralement, vous obtenez une réponse du style : un truc original qui mobilise tout le monde et permet aux gens de mieux se connaître. Donc, ça voudrait dire que, quand les gens se connaissent, il n'y a pas besoin d'icebreaker. Vous pourriez penser que l'icebreaker est réservé aux séminaires (au vert), ou aux séances de créativité ;

1. *Harvard Business Review*, janvier 2019.

que ce ne serait pas assez sérieux pour les points hebdomadaires d'équipe ou les réunions projet...

Erreur ! Car l'icebreaker, en cassant les codes des réunions répétitives et tristes, redonne de l'intérêt et de l'énergie aux rituels démobilisants. Attention toutefois à ne pas tomber dans les deux pièges de l'icebreaker !

Le piège n° 1 est d'être **déconnecté du thème de la réunion** et de se transformer en simple « Energizer » : un exercice sympathique qui a pour seul but de mobiliser les gens et de les faire se parler. Dans ce cas, il réveille, certes, mais il fait perdre du temps à tout le monde. Cette ambition un peu courte peut décrédibiliser l'exercice et l'animateur !

Le piège n° 2 est de **penser qu'un icebreaker est forcément un jeu**. Si on veut l'instaurer dans des réunions classiques, c'est même à éviter. Ainsi, vous contournerez l'objection « on n'est pas venu pour jouer ! ».

Le meilleur icebreaker est celui dont les participants ne pensent même pas qu'il en est un. Il est vécu comme une partie intégrante de ce qui se passe, comme une évidence par rapport au sujet.

À QUOI ÇA SERT ?

L'icebreaker doit contenir l'essentiel du message. Ceci est votre principal objectif. Voici les autres :

- Il permet aux gens de faire connaissance, est moteur de conversation, invite les participants à s'intéresser aux autres et les aide à se détendre.
- Il fait passer d'une posture d'écoute à une posture d'action, donne de l'énergie et fait démarrer tout de suite la collaboration indispensable en réunion.

- Il fait penser différemment et fait travailler le cerveau droit, peu sollicité en entreprise.

COMMENT FAIRE ?

L'icebreaker doit intégrer ces cinq caractéristiques :

- Illustrer « pourquoi nous sommes là » (cf. règle d'or #2) ou « ce qu'on va faire lors de ce meeting ». Il y a toujours un objectif spécifique : à vous de le mettre en scène avec créativité.
- Faire partager une même expérience aux participants, car c'est comme cela qu'un groupe se forme. Plus l'expérience sera forte, plus le groupe sera soudé.
- Créer une expérience positive, de façon à faciliter le travail ultérieur. Et surprenante, pour aviver l'intérêt et libérer de la dopamine, l'hormone du plaisir.
- Être court, simple et facile. Tout le monde doit y arriver, c'est le contraire d'une compétition. Un bon indicateur : si vous êtes obligé de reformuler vos instructions, cela signifie que c'est trop compliqué. Changez d'icebreaker.
- Impliquer un mouvement physique afin d'aider les participants à déconnecter de leurs pensées et, accessoirement, à lâcher leur smartphone.

QUELQUES EXEMPLES

Notre Top 3, du plus simple au plus sophistiqué[1] :

- **« La tête qui tourne » :** pour une première réunion ayant pour but de constituer une équipe.
  - *Icebreaker :* « Nous allons commencer par un petit échauffement : vous allez tourner la tête à droite, puis à gauche. »

1. Vous trouverez dans cet ouvrage d'autres idées pouvant être assimilées à des icebreakers : le photolangage (cf. règle d'or #37), la météo (cf. règle d'or #45).

- *Faire réfléchir :* « Pourquoi vous ai-je demandé de faire cela ? »
- *Débriefer et compléter sur les thématiques suivantes :* apprendre à regarder, découvrir l'autre ; l'intérêt d'une bonne connaissance réciproque ; le fait qu'une équipe n'existe et ne fonctionne bien que quand ses membres savent à qui ils ont à faire.

- **« Le pow-wow »** : pour une réunion sur la mise en place d'un management participatif (méthode Agile).
  - *Icebreaker* : les participants arrivent dans une salle de réunion organisée de manière classique, avec les tables disposées en U ou en carré. Demandez-leur de retirer les tables et de créer un cercle de chaises au centre de la salle.
  - *Faire réfléchir :* « Pourquoi vous ai-je demandé de faire cela ? »
  - *Débriefer et compléter sur les thématiques suivantes :* faire faire plutôt que faire ; parité de la relation (chaque chaise se ressemble et tout le monde est sur le « même pied ») ; transparence et management visuel (tout le monde voit tout le monde).
- **« L'œuf entre ciel et terre » :** pour introduire le design thinking, processus d'innovation.
  - *Icebreaker :* lancer le défi suivant : « Comment faire tomber un œuf de deux mètres de haut sans qu'il ne se casse ? Testez plusieurs prototypes. Vos ressources : 3 minutes, 3 œufs, carton, papier kraft, scotch, pâte à modeler. » (Attention... c'est mieux en extérieur.)
  - *Faire réfléchir :* « Pourquoi vous ai-je demandé de faire cela ? »
  - *Débriefer et compléter sur les thématiques suivantes :* l'approche pour aboutir au prototype ; les risques pris lors des options mises en œuvre ; l'intérêt d'itérer. En synthèse : pour réussir, il faut essayer et échouer avant d'essayer encore (test and learn) !

COMMENT SAVOIR SI MON ICEBREAKER A SERVI À QUELQUE CHOSE ?

Si, à la fin de la réunion, les participants jugent que cet icebreaker était absolument nécessaire et qu'il aurait manqué s'il n'avait pas été là, bravo, vous l'avez bien choisi ! Et, la prochaine fois, n'oubliez pas de concevoir votre icebreaker en fonction du contexte. En acceptant de passer du temps au début de votre réunion pour créer une meilleure mobilisation, vous en gagnez par la suite.

> Julie Lavenu, patronne de « La Chocolaterie », laboratoire d'innovation d'EDF, et spécialiste des techniques d'animation, partage ses deux indicateurs-clés. Lors des réunions où tout le monde est vraiment présent, il y a toujours un moment d'émotion partagée et l'icebreaker y contribue grandement. À l'inverse, il y a un problème quand elle constate que plusieurs personnes (elle comprise…) sont en train de préparer la réunion suivante…

#34

CRÉEZ DES LIENS AVEC LES PERSONAL MAPS

En 2012, sous la conduite d'Abeer Dubey[1] et de la chercheuse Julia Rozovsky, Google lance le projet Aristote. L'objectif est simple : le géant de la technologie recherche le modèle d'équipe idéal. Pourquoi ? Parce que le temps consacré par ses employés à des activités collaboratives ne cessant d'augmenter, découvrir cette recette est devenu un enjeu crucial pour dépasser ses concurrents.

Google y consacre cinq années. Or, après avoir examiné les données de 180 équipes et dépensé quelques millions de dollars, Abeer Dubey est perplexe : rien n'indique qu'un mélange de certains types de personnalités, de compétences ou d'expériences spécifiques soit déterminant. Le niveau de performance individuel des membres de l'équipe ne semble pas plus révélateur. Comme si le « qui » de l'équation s'avérait ne pas être un paramètre important.

Malgré cette déconvenue, Julia Rozovsky s'accroche et change d'angle d'attaque : elle se met à observer les règles de comportement de ces groupes. L'étude des équipes performantes fait alors apparaître un invariant qui les distingue : des pratiques de partage, d'écoute et de respect qui permettent à chacun d'être soi-même. Formulé autrement, les équipes qui performent, qui prennent des risques ensemble, sont celles dont les membres se connaissent suffisamment pour être capables de se dire les choses, de connaître

1. Abeer Dubey est le responsable de la division People Analytics de Google.

les points forts et les points faibles de chacun. Et donc de savoir quand demander, ou apporter de l'aide, sans craindre d'être jugé.

Simple question de bon sens, nous direz-vous ? Encore fallait-il le prouver. Comme le souligne Julia Rozovsky, « avoir des données qui prouvent aux gens que ces choses méritent qu'on y prête attention, c'est parfois l'étape la plus importante pour les amener à y prêter attention[1]. »

Les équipes performantes ont en commun des pratiques de partage, d'écoute et de respect.

COMMENT DÉVELOPPER LA CONFIANCE AU SEIN D'UNE ÉQUIPE ?

Nous vous proposons d'utiliser les *personal maps*, un outil simple, créatif et ludique pour créer du lien. Inspiré du livre *Managing for Happiness* de Jurgen Appelo, une personal map est une carte heuristique, ou mind map, qui se présente sous forme de dessin. Vous trouverez quelques exemples dans les pages suivantes.

Un moyen créatif et simple pour créer du lien dans votre équipe.

Commencez par « piquer » les crayons de couleurs de votre fille Camille ou de votre petit cousin Justin. La couleur stimule notre attention et notre imagination. Puis écrivez au centre de la feuille votre nom et/ou prénom et/ou faites un dessin. De ce centre découlent plusieurs liens qui portent les thèmes que vous considérez importants et que vous souhaitez partager. Il n'y a aucune obligation : vous choisissez vos sujets et ce que vous souhaitez révéler.

1. Charles Duhigg, « What Google Learned From Its Quest to Build the Perfect Team », *The New York Times Magazine*, 25 février 2016.

COMMENT UTILISER LES PERSONAL MAPS ?

Voici quelques exemples pratiques.

- **Pour une première fois :**
  Joignez à votre ordre du jour un court guide d'instruction expliquant ce que vous demandez à chacun en fournissant des exemples simples.

Voici un exemple de mail proposant de réaliser sa personal map.

Bonjour à tous,

J'espère que vous allez tous bien… Comme prévu, nous nous verrons vendredi prochain dans le cadre de… En préparation de cette rencontre, voici une mission qui ne devrait pas vous prendre plus de 20 minutes. Merci donc à chacun d'entre vous de lire les consignes ci-dessous, et de venir avec vos créations vendredi matin.

Je vous propose de *réaliser de manière ludique et visuelle un descriptif de vous*. C'est votre ***« Personal Map »***. Il s'agit d'une vision à 360 degrés de qui vous êtes, vue et dessinée par vous !

Comment faire :

1. Sur une feuille A4 ou A3, en utilisant des feutres de couleurs et quelques petits dessins,
2. prenez un moment seul pour représenter qui vous êtes, ce que vous faites, ce que vous aimez… Il s'agit d'un exercice libre, vous ne présentez que ce que vous souhaitez présenter.
3. Pour vous aider, je vous ai joint quelques exemples. Regardez-les, vous comprendrez très vite !
4. Vous remarquerez que les auteurs de ces deux maps ont choisi de se présenter selon des thématiques et des angles différents. C'est normal : tout comme vous, votre map a son style et sa personnalité !

Libérez votre créativité, tous les aspects sont bons. La qualité du dessin n'est pas un enjeu. ☺

Et pensez bien à apporter votre « personal map », en version papier, vendredi matin !

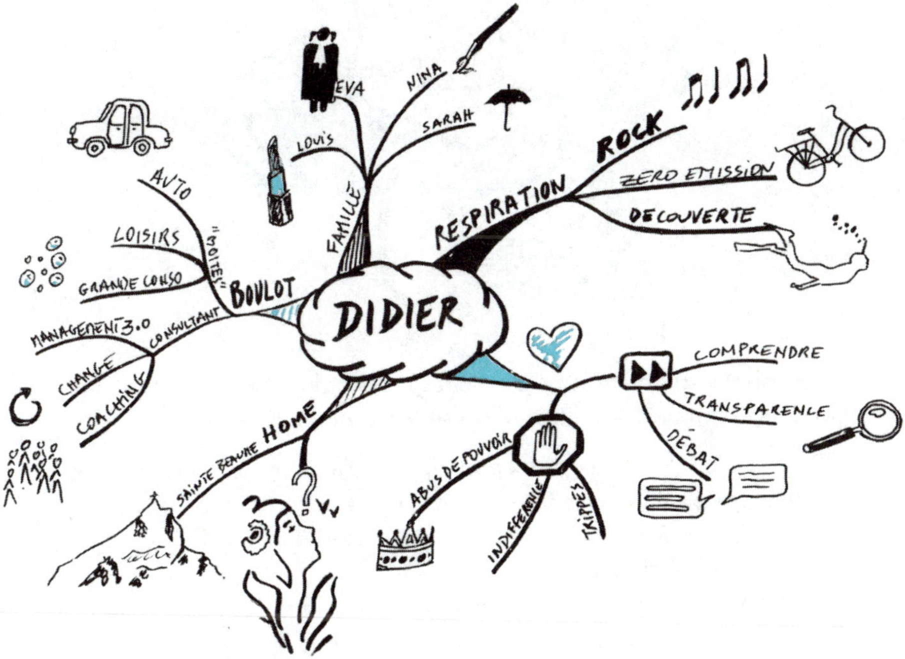

Avant la réunion, assurez-vous que chacun a bien fait sa map… quitte à fournir le matin même une feuille et des feutres aux retardataires.

Formez des binômes : chacun présente sa map à l'autre (Didier présente sa map à Jeanne et réciproquement).

Demandez à chacun de présenter au groupe la map qui lui a été présentée (Didier présente donc la map de Jeanne au groupe).

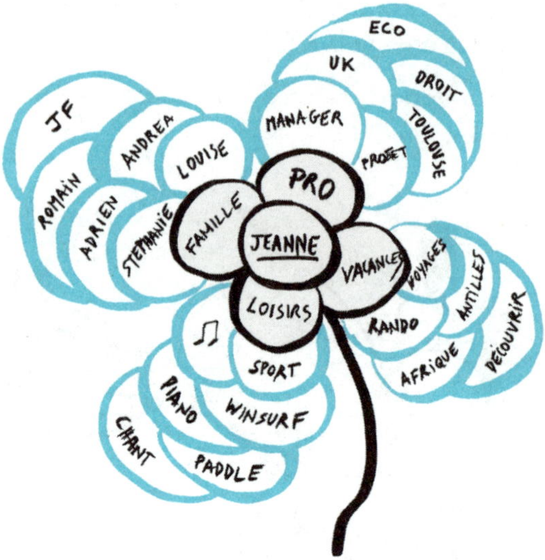

Puis demandez au groupe de partager les points d'étonnement, les points communs, les différences et les complémentarités.

Concluez en demandant aux participants d'afficher leur map au mur. L'affichage peut aussi se faire avant le partage en donnant un temps au groupe pour découvrir les créations de chacun.

- **Quelques variantes :**
  - Si le groupe est supérieur à huit participants : formez des sous-groupes de quatre à six personnes pour la mise en commun.
  - Pour intégrer une nouvelle personne : chaque membre de l'équipe fait sa propre map, mais sans y inscrire son nom. Afficher les maps au mur et faites deviner au groupe à qui appartient chaque map. Ce sera beaucoup plus facile pour le « nouveau » de saisir les spécificités de chacun.
  - Pour un groupe qui se connaît bien : demandez à chacun de faire la map d'un de ses collègues en procédant par tirage au sort, puis faites une présentation des maps par binôme (Jeanne

fait la map de Didier, puis Jeanne la présente avec l'aide de Didier, qui complète et précise).

- **Par expérience :**
  Vous n'échapperez pas aux réticences du coéquipier inhibé ou de l'expert qui ne souhaite pas « retourner à la maternelle »... mais qui finit par s'y mettre sous l'influence du groupe, poussé par la simplicité et la liberté de l'exercice qui jouent positivement. À noter que ces sceptiques sont souvent les plus curieux de découvrir les maps de leurs collègues.

LES POINTS FORTS DES PERSONAL MAPS

Dans cet exercice qui procure toujours de bonnes surprises, la forme choisie par un participant pour sa map se révèle souvent riche en informations : capacité à aller au-delà du brief, sens du détail, créativité, facilité à s'exposer... Le cadre d'expression étant très souple, une map peut devenir un plan de métro, la carte d'un pays d'origine, un jeu de l'oie, une fleur.

De plus, les personal maps permettent de créer des ponts entre les membres de l'équipe : un même voyage en Asie à un an d'écart, une passion partagée pour les romans policiers...

Enfin, cet outil respecte les participants : chacun y présente ce qu'il veut. Il propose un moyen accessible de se présenter plus en tant qu'être humain que simple apporteur de compétences, ce qui est un atout indispensable pour créer du lien et développer la confiance au sein de l'équipe.

#35

CONSIDÉREZ QUE LE HASARD EST VOTRE MEILLEUR AMI

La peur numéro un[1] des jeunes animateurs se résume à une seule interrogation : « Que faire quand les participants ne veulent pas répondre à une seule question ? » Il en est de même au démarrage d'un sous-groupe au moment de la restitution. Si personne n'est volontaire, que faire avec ce silence pesant qui s'installe ?

Bien sûr, en tant qu'animateur, vous devez résister à l'envie d'intervenir et de régler le problème. Profitez de ce temps suspendu pour les interroger : « Ai-je été clair ? » S'il y a un doute, répétez ou reformulez.

Puis tenez bon : vous avez donné aux participants l'autonomie de choisir qui sera le premier d'entre eux (ou sous-groupe) à s'exprimer. Donnez-leur un peu de temps pour que cette autonomie éclose concrètement.

Pourtant, parfois, ça ne marche pas !

QU'EST-CE QUI BLOQUE ?

Que passe-t-il dans la tête des gens à ce moment-là ?

D'abord, il y a les timides, ceux pour qui affronter le regard des autres, voire leurs critiques, en public, est un problème. Des

1. *Ex æquo* on trouve : « Que faire si je ne sais pas répondre à une objection ou une question ? »

pensées limitantes les paralysent : « Je vais bafouiller, je vais dire des bêtises, je ne vais pas arriver à convaincre, etc. »

Ensuite, il y a les calculateurs. Ils attendent de voir comment les autres se débrouillent pour situer le « niveau de jeu » de leurs collègues et ajuster leur prise de parole en dernière minute. Apprendre des autres est une bonne stratégie… mais ce n'est pas optimal pour la dynamique de groupe et le respect du timing.

Pour débloquer la situation, faites intervenir votre ami le hasard.

QUATRE TECHNIQUES POUR DÉBLOQUER LA SITUATION

Nous aimons, selon les circonstances et le type de population, utiliser quatre techniques qui débloquent la situation très rapidement.

- **Faites-les jouer aux dés :**
  Prévoyez un dé par groupe de six personnes : chaque personne est associée à un nombre (donc deux dés pour douze personnes, etc.). Lancez les dés : le nombre obtenu détermine qui commence. N.B. : Ajustez votre règle en fonction du nombre de participants. S'il y a onze personnes et que vous obtenez 12, rejouez !
- **Donnez-leur les jetons :**
  Munissez-vous de jetons de différentes couleurs, du type jetons de poker (cela fonctionne aussi avec des capuchons de marqueurs quand le nombre de participants est réduit). Mettez-les dans un sac. Chaque personne pioche un jeton. Le rouge (ou le vert…) commence.
- **Faites tourner la Despé :**
  La Desperados, marque de la société Heineken, est la bière favorite des gamers et du milieu du street art. C'est aussi l'origine d'un jeu de hasard pour adolescents un peu timides. On fait tourner

par terre la Despé. Et quand le col pointe vers une personne, c'est à elle de commencer à dire une vérité difficile à avouer ou d'embrasser son voisin ou sa voisine. Programme sympathique, mais rassurez-vous, personne, dans vos réunions, ne va embrasser son voisin.

Dans vos meetings, utilisez une bouteille (d'eau minérale, bien sûr) pour remplacer la Despé. Elle désignera l'heureux gagnant.

- **« Refilez le bébé » :**
  Choisissez une personne que vous avez identifiée comme ouverte et bienveillante. Posez-lui simplement la question suivante : « À qui passes-tu la parole ? »

POURQUOI UTILISER LE HASARD EST UN TRUC MALIN

« Jouer, c'est expérimenter le hasard », dixit Friedrich von Hardenberg (un philosophe du siècle des Lumières). Inversons cette citation : qui dit hasard, dit jeu. L'ambiance ludique et décontractée est assurée (cf. règle d'or #19).

Le hasard fait sourire et invite les participants à rester sur le qui-vive.

Au-delà de faire sourire, introduire le hasard surprend les participants. Il contribue à les remobiliser, voire à réveiller les endormis. Et les participants vont rester sur le qui-vive tout au long de l'exercice puisque personne ne peut savoir qui sera le prochain « élu ».

Enfin, ce n'est pas vous, animateur, qui décidez du sort des autres... vous restez donc en position basse (cf. règle d'or #27).

#36

LAISSEZ TOMBER LE BRAINSTORMING

Et vous, comment faites-vous pour trouver de nouvelles idées ?

Réponse universelle depuis plus de 80 ans : « On fait un brainstorming. »

Les brainstormings sont généralement un bon moment où on peut se lâcher, et c'est plus drôle que les réunions sur le plan à trois ans.

Comment ça fonctionne ? On vous demande de lancer, à la cantonade, le plus d'idées possible pour créer un produit ou résoudre un problème. Trois règles sont censées garantir le succès de l'opération : pas de critique ; délire bienvenu ; la quantité prime sur la qualité.

Mais justement, le problème, ce sont les solutions, qui relèvent trop souvent de « l'eau, ça mouille et les cheveux, ça pousse ».

POURQUOI LE BRAINSTORMING NE MARCHE PAS ?

- Ça produit moins que si les gens travaillaient séparément. Quand une personne s'exprime, les autres se taisent, donc pendant ce temps, ils sont non productifs. Rapporté à l'heure de travail, il y a moins d'idées.
- En groupe, certaines personnes hésitent à exprimer leurs idées devant les autres... surtout si elles sont originales.

- Ça autorise le vagabondage d'esprit pendant que d'autres s'expriment.

En fait, il manque deux volets essentiels dans cette pratique :
- **le temps de réflexion individuel**, qui permet à chacun de creuser ses idées et libère des tentations d'autocensure ;
- **l'écriture**, qui permet à tout le monde de travailler en parallèle et donc de récolter plus d'idées.

PASSEZ DU BRAINSTORMING AU BRAINWRITING !

Ces deux biais sont corrigés dans le brainwriting. Les participants sont réunis en cercle autour d'un sujet (ou problème). Voici un exemple de déroulé.
- Chaque participant inscrit sur sa feuille une solution ou une bonne pratique qui permettrait de traiter le sujet. Chacun pose sa feuille, côté écriture caché, au centre du cercle.
- Ensuite chacun prend, au centre, une feuille qui n'est pas la sienne. Il lit ce qui est écrit et il peut soit ajouter une nouvelle proposition, soit compléter la proposition. On fait un nombre de tour équivalent au nombre de participants. Précisions : si on retombe sur sa feuille initiale, on en prend une nouvelle. Si on n'a plus rien à dire, on écrit : « pas mieux ».
- Une fois que toutes les feuilles sont passées entre toutes les mains, chaque participant récupère sa feuille initiale. Si c'est pertinent, il peut compiler certaines propositions, puis il met une étoile à chaque solution qu'il trouve intéressante ou sympa et qu'il aimerait voir partagée par l'équipe.
- Les feuilles font alors un tour de table par la gauche pour que chacun puisse revoir l'ensemble des propositions et « liker » celles qui lui plaisent, en mettant une étoile à côté.
- Chaque coéquipier énonce à l'ensemble de la table les propositions « likées » de sa feuille pour validation finale. Ces propositions

peuvent être allégées, regroupées ou faire l'objet d'une ultime discussion si l'une d'elle ne fait pas consensus.

Brainstorming : invention géniale ou arnaque ?

L'ayant développé pour les créatifs de l'agence de publicité BBDO en 1940, Alex Osborn (le « O » de l'agence) soutenait qu'un groupe pouvait doubler sa créativité en utilisant le brainstorming. Probablement vrai avec des populations de créatifs, apôtres de l'absence de censure. Pour autant, une étude[1] empirique de 2001 révèle que ce travail en groupe n'apporte aucun bénéfice en ce qui concerne le nombre ou l'originalité des idées générées...

1. Paulus, P.B., Larey, T.S., & Dzindolet, « Creativity in Groups and Teams », 2001.

#37

ÉVITEZ LE POIDS DES MOTS EN UTILISANT LE CHOC DES PHOTOS

La dernière fois que vous avez challengé vos coéquipiers sur l'avenir de votre équipe, vous avez été déçu. Ils sont pourtant tous conscients de l'ampleur de la révolution digitale en cours, de la nécessité de bouger, de s'engager et de s'investir. Ils ne renâclent pas devant la tâche, y mettent même de l'énergie, mais les résultats ne sont pas au rendez-vous.

En fait, leurs réflexions sont trop rationnelles. Comme si les contraintes de l'organisation avaient été assimilées au point d'être considérées comme des axiomes qu'on manipule tant bien que mal pour faire un peu plus de cela, un peu moins de ceci... Vos coéquipiers ne sont pas mauvais, ils sont même plutôt bons. Ils connaissent bien leur métier et mènent des projets complexes. Mais, pour résumer, ils sont trop cartésiens, trop « cerveau gauche », trop analytiques.

Alors que nous sommes tous pourvus de facultés créatives et que nous nous réunissons pour nous exprimer et inventer des choses nouvelles, nous exploitons bien peu ce talent créatif. La raison de ce manque de créativité se trouve plus souvent dans la façon dont nous animons les réunions que dans les compétences des participants.

COMMENT FAIRE POUR ÊTRE DAVANTAGE CRÉATIF ?

Nous vous proposons d'utiliser le Photolangage®. Cette méthode a été créée dans les années 1960 par une équipe d'animateurs et de psychosociologues afin de favoriser l'expression verbale dans les groupes de jeunes (cf. plus bas).

Elle est maintenant déclinée dans de nombreux domaines : l'éducation, la formation, l'animation et même les jeux de société avec le jeu Dixit®[1].

Sortez des photos pour aider les participants à se projeter et à s'exprimer plus facilement.

Le succès du photolangage repose sur deux idées simples :

1. Exploiter la capacité de notre cerveau à interpréter les images, en leur donnant une direction qui va naturellement l'inciter à créer des associations, des liens, donc de la richesse.
2. Utiliser une photo permet à celui qui parle de prendre de la distance pour favoriser la prise de parole et exprimer une émotion. Cette distance est capitale pour s'exprimer sur un sujet difficile.

COMMENT MENER UNE SÉQUENCE WORKSHOP PHOTOLANGAGE ?

- Tout d'abord, vous devez disposer d'un set de photos[2] adapté à votre sujet et au nombre de participants. Il faut prévoir au minimum trois photos par participant et par question.

1. Le jeu de société Dixit repose sur la capacité d'un joueur à inventer une phrase à partir d'une carte illustrée de son jeu. Puis, les autres joueurs doivent trouver une carte de leur jeu illustrant le mieux cette phrase. Les cartes choisies sont alors mélangées puis chacun vote (sauf le joueur initial) pour ce qu'il imagine être la carte originale.
2. Vous trouvez sur Internet des sets de photos à imprimer gratuitement (http://www.yapaka.be/page/photolangage) ou à acheter (https://souriezvousjouez.com/boutique/jeux-de-photolangage/).

- Vous étalez la série de photos sur la table, puis vous lancez la consigne : « Prenez trois minutes, en silence, pour choisir une photo qui… par exemple : illustre selon vous l'orientation que doit prendre notre équipe dans les deux ans à venir ; évoque pour vous la première valeur incarnée par notre équipe ; représente le mieux le dysfonctionnement qui freine la performance de notre équipe. »
- Puis, chacun à son tour présente son image et explique pourquoi il l'a choisie.

Cette séquence de base comporte de nombreuses variantes. Il est possible par exemple de poser plus de trois questions, de demander de choisir plus d'images… Lorsque le groupe est nombreux, il est possible de procéder à des phases de consensus au sein de sous-groupes de cinq à huit personnes. Dans ce cas, chacun au sein du sous-groupe présente sa photo, puis le sous-groupe s'entend sur la ou les photos qui font consensus au regard des questions initiales. Chaque sous-groupe fait ensuite une restitution à l'ensemble des participants.

L'animateur doit pleinement jouer le rôle de facilitateur.

Le photolangage apporte toujours des surprises, des associations inédites parfois fulgurantes, déconcertantes.

> Par exemple, un groupe de responsables maintenance invité à réfléchir sur l'amélioration de la sécurité avait choisi une photo de deux amoureux penchés à la fenêtre de leur voiture respective et s'embrassant au milieu d'un embouteillage. Pour ce groupe, la photo signifiait deux choses : d'une part, la sécurité, c'est à tout moment, pas d'exception, et d'autre part, une bonne communication nécessite d'être proche de ses équipes !

En tout état de cause, lors d'une séquence de photolangage, afin de favoriser l'expression et de respecter l'imaginaire de chacun, vous devez pleinement jouer le rôle de facilitateur et être garant de l'accueil bienveillant de l'expression de chacun.

Le Photolangage®

Le Photolangage® a été créé au milieu des années 1960 par un groupe d'animateurs et de sociologues lyonnais qui travaillaient avec des adolescents en difficulté. C'est une intuition qui les a amenés à proposer au groupe de jeunes des séries de photos. Souhaitant favoriser l'échange et le partage, ils n'ont pas été déçus de l'effet provoqué : libération de la parole, développement des réflexions, implication et intérêt des participants. La méthode a été formalisée a posteriori, avec la publication d'un premier set de photographies en 1968 et le dépôt de la marque par deux de ses inventeurs, Alain Baptiste et Claire Bélisle. L'efficacité et la simplicité du photolangage ont naturellement étendu son utilisation au domaine de l'éducation, de l'animation et de la formation.

#38

UNE IMAGE VAUT 1 000 MOTS

En 2007, un manifeste d'Alexei Kapterev intitulé « Death by PowerPoint (and how to fight it) »[1] marque les esprits. Il décrit tous les pièges de la mauvaise utilisation de PowerPoint et comment cela peut ruiner une carrière.

En effet, vous avez tous vécu ces présentations avec des slides surchargés, des copier-coller de fichiers Excel ou de notes Word... Résultat : c'est illisible une fois projeté et vous passez plus de temps à décoder ce qui est écrit qu'à écouter... L'animateur prend un risque élevé, soit d'énerver, soit d'endormir son public.

En 2009, les organisateurs japonais d'un concours d'architecture inventent le Pecha Kucha (bavardage en japonais). Le concept : présenter son idée en 20 slides de 20 secondes chacune, soit une durée totale de présentation de 6 minutes et 40 secondes.

Énorme progrès au plan de la synthèse, mais, avec cette version PowerPoint du Pecha Kucha, le problème reste entier : quand les participants regardent votre présentation PowerPoint, vous n'êtes pas écouté... Or, c'est vous qui apportez la valeur ajoutée à la présentation. En un mot : la présentation, c'est VOUS.

1. https://fr.slideshare.net/correojev/death-by-power-point-alexei-kapterev

REPRENEZ LE POUVOIR GRÂCE AU PECHA KUCHA SIMPLIFIÉ

Comment ça marche ? Procédez en deux temps.

Avant votre exposé :

- Recherchez les **idées clés** de votre présentation. Cela semble simple, mais c'est un gros boulot : comptez deux heures si vous aviez fait un PowerPoint traditionnel de 30 minutes. Vous devez vous poser la question suivante : « C'est quoi l'essentiel ? » Pour y répondre, prenez le problème à l'envers et demandez-vous quelles sont **les trois à six idées principales que vous voulez que les gens aient retenues** à l'issue de votre présentation. Ne gardez que l'essentiel, choisissez et supprimez sans crainte.
- Trouvez **un visuel inspirant pour illustrer chacune de vos idées clés**. Pour cela, il existe de très belles images libres de droits (cf. les sites Flickr[1], Unsplash[2]...). Puis faites-en de jolis tirages A3.

Notre conseil pour bien choisir vos visuels : trouver le bon équilibre entre les photos trop directement descriptives (par exemple, une photo de la nouvelle usine) ou celles à la symbolique un peu éculée (deux mains qui se serrent pour parler de coopération). Soyez créatifs, efforcez-vous d'apporter de la valeur et de l'originalité, utilisez des visuels métaphoriques : les photos doivent surprendre et accrocher les participants. C'est aussi un moyen de laisser le souvenir d'une performance unique (cf. règle d'or #4). Le *nec plus ultra* est de créer une suite logique visuelle qui raconte une histoire (cf. règle d'or #30) pour tenir en haleine votre auditoire comme dans un bon polar.

Montrez-vous créatif dans le choix des visuels.

1. https://www.flickr.com/
2. https://unsplash.com/

- Rédigez **une fiche antisèche par visuel** pour développer chaque idée. Nous vous conseillons un format A6 cartonné.

Pendant votre exposé, **déplacez-vous** dans la salle et, à chaque idée clé, collez la photo sur le mur et commentez-la. Déplacez-vous à nouveau et continuez votre exposé.

POURQUOI ÇA MARCHE ?

- Le Pecha Kucha Simplifié s'appuie sur la photo : un langage commun qui parle à tous.
- Le mouvement permet de conserver l'attention et la focalisation sur vos propos. Après tout, c'est vous la star !
- Le pouvoir de l'image est bien supérieur au texte sur trois dimensions : persuasion, émotion et identification.

Le « Picture Superiority Effect » en trois études

L'effet de supériorité de l'image est le phénomène selon lequel les images ont plus de chances d'être mémorisées que les mots. Cet effet a été démontré dans les années 1980 dans de nombreuses expériences à buts pédagogique, thérapeutique et publicitaire. Il est basé sur la notion que la mémoire humaine est extrêmement sensible au mode de représentation symbolique de l'information.

Plus récemment, Mary Potter, professeur de sciences cognitives au MIT, a démontré en 2014 qu'il suffit de 13 millisecondes à l'œil et au cerveau pour assimiler des images, soit 60 000 fois plus rapidement que tout autre type de contenu. En 2019, l'étude Hubpot « Marketing statistics 2019 » rapporte que les publications Facebook avec des images sont 2,3 fois plus lues que celles sans image.

Charge émotive, imprégnation immédiate dans l'esprit, facilité à être mémorisée : la photo est particulièrement efficace pour fabriquer des messages persuasifs.

#39

VOYAGEZ EN SPEED BOAT POUR ARRIVER ENSEMBLE À BON PORT

Il y a six mois, Benjamin accepte un poste de Responsable CRM (Consumer Relationship Management) dans l'automobile. Alors qu'il se croyait en charge de l'avenir du marketing, il constate qu'il passe 80 % de son temps dans des réunions informatiques. Et les réponses à ses questions obscurcissent davantage sa vision du projet… En fait, personne ne sait vraiment où cela en est. Pour couronner le tout, une guerre oppose les collaborateurs internes et les prestataires, chaque camp accusant l'autre de ne pas tenir ses objectifs. Quant au chef de projet CRM, basé à Toulouse, il n'est disponible que deux jours par semaine. De leur côté, les partenaires financiers, prêteurs et fournisseurs de données clés sur le potentiel économique des clients, sont très souvent aux abonnés absents lors des réunions projet.

Une approche bateau qui vous permet de poser vos valises.

Bref, c'est la loose puissance 4. Chacun avance dans son coin, en mode silo, tandis que tout le reste de l'entreprise s'interroge sur le devenir du projet… qui a déjà englouti 4,5 millions d'euros sans résultats.

Alors, que faire ? Voyager en Speed Boat, évidemment ! Cette technique utilise la métaphore du voyage et du bateau pour décoincer les situations difficiles. Ses objectifs sont de faire réfléchir collectivement une équipe, et de lui permettre d'identifier des problèmes, des freins, des menaces, mais également des leviers, des forces, des opportunités. Ensuite, collégialement, les membres de cette équipe pourront faire émerger une ou plusieurs pistes d'amélioration.

DANS QUELS CAS DE FIGURE PRENDRE LE SPEED BOAT ?

Le Speed Boat est adapté dans les cas de figure suivants :

- Changer, atteindre plus facilement un objectif ou améliorer le fonctionnement à long terme d'une équipe.
- Dépasser les énervements quotidiens en mettant les sujets en perspective et en ayant une vraie réflexion sur les dysfonctionnements.
- Améliorer un produit ou un service ou faire s'exprimer des consommateurs.
- Intégrer, sur des projets complexes, des participants de divers horizons ou lieux et de différentes fonctions.

COMMENT METTRE EN PLACE UN ATELIER SPEED BOAT ?

L'atelier Speed Boat se déroule en plusieurs phases.

Durée : 1 à 2 heures.

Matériel nécessaire : paperboard/kraft, post-it, feutres.

Vous pouvez utiliser le visuel suivant pour conduire votre atelier :

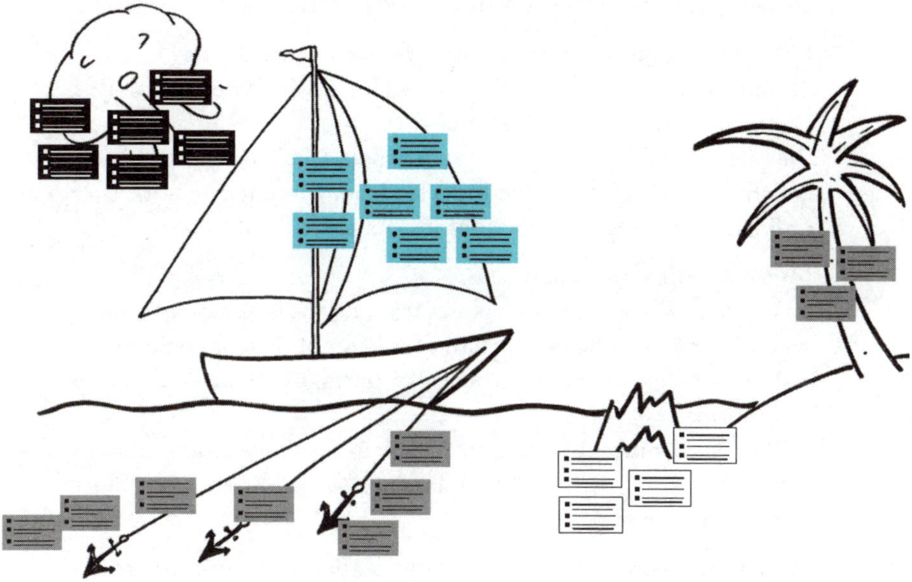

- **Avant de commencer, posez le problème :** écrivez la question à traiter à côté du bateau.

  Par exemple : « Comment mieux associer les vendeurs à la démarche CRM ? Comment rendre plus fluides nos relations avec les fournisseurs de données financières sur les clients ? »

- **Phase 1 : Ce qui se passe chez nous (en interne) !**
  Chaque participant réfléchit individuellement aux objectifs (l'île), aux forces (les voiles) et aux freins (les ancres) sur le sujet concerné.
  Par groupes de trois, les participants partagent et complètent leurs idées et les inscrivent sur les post-it (une idée par post-it, rédigée en majuscules).

Chaque groupe vient coller ses post-it en expliquant ses idées au fur et à mesure au reste des participants.

- **Phase 2 : Ce qui se passe autour de nous (en externe) !**
  Les participants complètent le Speed Boat avec les opportunités (le vent) et les menaces (les rochers).
  Puis ils classent les freins (ancres) selon leur ancienneté (de gauche à droite), et la difficulté à les lever (de bas en haut).
  Enfin, ils regroupent et classent les objectifs (l'île).
- **Phase 3 : Mise en action**
  Le groupe sélectionne les freins à traiter dans la suite de l'atelier, en tenant compte de la difficulté à les lever et de leur ancienneté.
  – Pour les freins simples, trouvez et partagez tout de suite des solutions.
  – Pour les freins plus complexes, prévoyez une autre animation, type brainwriting (cf. règle d'or #36), ou Keep Drop Start (cf. règle d'or #44).

En fonction du contexte, n'hésitez pas à adapter la métaphore du bateau : par exemple, utilisez l'avion dans le milieu aéronautique et la voiture dans le milieu automobile.

POURQUOI LE SPEED BOAT FACILITE LA RÉFLEXION ET L'EXPRESSION

Il met à l'aise les nombreuses personnes réticentes à exprimer à l'oral leurs « joies » et leurs « peines ».

Il évite, grâce à l'écrit, que la discussion soit dominée ou influencée par un axe de pensée ou une personne. Chacun peut s'exprimer en sécurité et chaque avis a le même poids.

Écrire, bouger, coller des post-it, les réorganiser sont des activités corporelles qui libèrent l'esprit créatif (cf. règle d'or #28).

La métaphore, par son décalage, est un des leviers les plus puissants pour inviter à la participation de tous. En sollicitant la partie droite du cerveau, celle qui ressent et globalise, elle donne en un instant une vue d'ensemble et de la compréhension, là où une explication logique détaillée prendrait beaucoup plus de temps.

La métaphore du bateau sollicite la partie droite du cerveau (créativité).

Notre conseil : s'en tenir au seul constat

Par expérience, les groupes ont tendance à passer tout de suite à l'analyse et à proposer des améliorations. Si vous laissez vos participants dériver, vous vous privez d'un bilan vraiment approfondi par toutes les parties prenantes. Expliquer qu'en s'en tenant au seul constat, cela permettra de faire émerger les bons leviers pour réfléchir aux solutions, avec les bonnes personnes, à l'issue du Speed Boat.

#40

JOUEZ AU POKER CARTES SUR TABLE

Si vous projetez de décaver[1] votre patron en imaginant que cette nouvelle règle d'or légitimera l'arrivée du poker dans les réunions hebdomadaires, vous allez être déçu ! Si vous pensez que nous vous dévoilerons les trucs et astuces pour bluffer, cacher vos pensées ou tenter de deviner celles de vos collègues, vous vous trompez ! C'est même l'inverse...

Une façon ludique de recueillir les avis « non influencés » de chacun.

Le mot « poker » fleurit dans plusieurs livres de management, sous forme d'exercices ou de jeux, proches des méthodes agiles. Connaissez-vous le Délégation poker ou le Planning poker ? Ces deux jeux sont des outils formidables pour décider collectivement en recueillant l'avis de chacun.

Des jeux de cartes spécifiques

- **On utilise des jeux de cartes spécifiques où chaque carte représente un niveau. Tous les participants disposent du même jeu de cartes et chacun choisit seul la carte qui correspond à son avis, à son positionnement. L'objectif de cette utilisation de cartes individuelles est d'empêcher les participants de s'influencer les uns les autres lorsqu'ils font leur choix.**
- **Les participants abattent leur carte en même temps, et non à tour de rôle. Ainsi ils évitent d'être influencés en regardant les choix précédents. Une façon élégante d'éviter l'inévitable « effet de cascade » lors d'un tour de table, lorsque chacun, après avoir écouté l'opinion de son voisin, effectue (volontairement ou non) un ajustement qui prend en compte ce qui vient d'être exprimé[2].**
- **Le groupe produit une décision finale collective après que chacun a pu exprimer et expliquer son choix.**

1. Décaver ou destacker : prendre tout le tapis de son adversaire.
2. Ce biais cognitif est exposé dans le chapitre « Le piège du groupe » dans le livre d'Olivier Sibony, *Vous allez commettre une terrible erreur !*, Clés des Champs, 2019.

POUR ÉVALUER LA CHARGE D'UN PROJET : LE PLANNING POKER

En tant que responsable de projet, il vous appartient d'évaluer le temps nécessaire aux différentes étapes pour planifier l'utilisation de vos ressources et cadrer votre budget. En vous trompant, vous mettez en danger votre projet, soit par manque de ressources, soit par sous-activité. Or vos coéquipiers connaissent parfois le sujet mieux que vous… Donc abandonnez votre attitude de chef qui planifie tout, tout seul, et profitez du savoir de chacun !

Le Planning poker[1] correspond à l'étape d'évaluation de charge d'un projet dans les méthodes agiles. On doit cette approche à James Grenning, et sa popularisation sous le nom de Planning poker à Mike Cohn[2].

Au cours d'une réunion Planning poker, les personnes impliquées dans le processus d'évaluation ont entre les mains un jeu de cartes[3] constitué d'un système de points allant de 0 à 100 et d'une carte « point d'interrogation ».

Une fois que la fonctionnalité à développer a été présentée[4] par le responsable de projet et que tous les points obscurs ont été clarifiés, chacun choisit seul la carte correspondant à son estimation.

Puis, au signal, chacun abat sa carte. S'il y a de gros écarts, une étape de discussions a alors lieu, en commençant par les personnes

1. Nous sommes bien d'accord : ce nom est un peu hasardeux puisque cette étape n'a rien à voir avec le Poker, ou avec le planning… On parle d'ailleurs aussi de Scrum poker.
2. Mike Cohn, *Agile Estimating and Planning*, Pearson Education, 2006.
3. Vous pouvez imprimer votre jeu de cartes vous-même : http://www.entreprise-agile.com/CartesPlanningPoker.pdf
4. Dans les méthodes agiles, les fonctionnalités sont exprimées sous la forme de « récit utilisateur » ou « user story ». Ce récit est structuré ainsi : En tant que <qui>, je veux <quoi> afin de <pourquoi>. Par exemple : « En tant que vendeur en succursale, je veux pouvoir rechercher mes clients par leur prénom et leur nom de famille afin de les retrouver rapidement lorsque je reçois un appel de leur part. »

qui ont choisi les cartes les plus faibles ou les plus fortes afin de recueillir les avis extrêmes en premier. Ces échanges sont suivis d'une nouvelle évaluation jusqu'à ce que tout le monde soit d'accord.

LE DÉLÉGATION POKER[1]

« J'aimerais bien que mes équipes soient un peu plus autonomes », « Qu'ils ne demandent pas ma validation sur tout... », « Ils pourraient prendre des initiatives ! »

Ces verbatims vous rappellent quelque chose ? Vous les avez déjà entendus... ou prononcés ? Ils renvoient à une préoccupation récurrente : « Comment puis-je rendre mes collaborateurs plus responsables en définissant un cadre clair, accepté et coconstruit par l'équipe ? »

Le Délégation poker permet de décider en mode collaboratif des niveaux de délégation souhaités pour une activité entre un manager et son équipe. Le jeu de cartes utilisé présente cette fois sept niveaux de délégations, donc sept cartes, qui vont du moins délégatif « le manager décide et informe son équipe » à la délégation totale « l'équipe décide seule ».

De la même façon que pour le Planning poker, une fois le sujet exposé (par exemple, la prise de congés ou le recrutement), chaque participant choisit sa carte seul puis la pose en même temps que ses collègues pour ouvrir un cycle d'échanges et décider du bon niveau de délégation pour l'équipe.

1. Le Délégation poker est un jeu proposé sur le site Management 3.0 de Jurgen Appelo. Les cartes du Délégation poker en français peuvent être téléchargées gratuitement ici : https://atelier-collaboratif.com/telechargements/delegation-poker-french-self-a4.pdf

POURQUOI NE PAS CRÉER VOTRE PROPRE POKER GAME ?

Vous voulez recueillir les avis non biaisés de vos collaborateurs sur d'autres sujets ? Vous souhaitez connaître leur positionnement sur des options, des niveaux, des degrés ? Rien de plus facile que de créer votre propre poker game :

1. Préparation : créez des cartes avec les différents niveaux d'options envisageables pour votre sujet.

   Exemples : la cotation d'un fournisseur, une évaluation budgétaire.
2. Exposez votre sujet et prenez un temps pour répondre aux questions de chacun.
3. Distribuez un set de cartes à chaque participant et donnez-leur un temps pour faire leur choix individuellement.
4. Au signal, demandez à chacun d'abattre sa carte.
5. Démarrez les échanges en commençant toujours par les positions extrêmes.

Prêt à embarquer votre équipe pour une petite partie de Poker ? C'est à vous de jouer...

#41

DÉCLOISONNEZ AVEC MATRIX

Durant les dernières décennies, nos canaux de communication se sont multipliés, créant autant de possibilités de nouer des liens. Mail, messagerie instantanée, Internet, réseaux sociaux nous permettent d'échanger à tout moment. Vous pourriez penser que leur existence a développé un terrain fertile au décloisonnement... Et pourtant, combien de fois n'avez-vous pas entendu les propos suivants : « Mes directeurs, mes équipes, mes managers ne se disent pas les choses, ils n'échangent pas, ne partagent pas, ne se parlent pas... chacun bosse pour sa pomme... » ?

C'est le syndrome bien connu du TPMG (Tout pour Ma Gueule) et pourtant, à combien de séminaires ayant pour objectif principal de développer la communication entre les services avez-vous participé ? Et combien en avez-vous organisés ?

Incitez vos équipes à briser les silos en utilisant la matrice besoins/apports.

Lors de votre prochain workshop avec les représentants des services, prenez le problème à bras-le-corps et proposez-leur de remplir la matrice des besoins/apports réciproques. Concrètement, ça veut dire quoi ?

RENTREZ DANS LA MATRICE

Préparez sur un grand support (kraft ou tableau blanc) une matrice où vous listez les services concernés en intitulé de chaque colonne et de chaque ligne.

Dans le coin en haut à gauche, indiquez par une flèche le sens de lecture du tableau avec les libellés « Ce que j'attends » pour les besoins et « Ce que j'apporte » pour les apports. L'idéal est d'utiliser pour ces deux libellés les deux couleurs de post-it dont vous aurez besoin.

Dernier point de préparation : neutralisez la diagonale.

Par exemple :

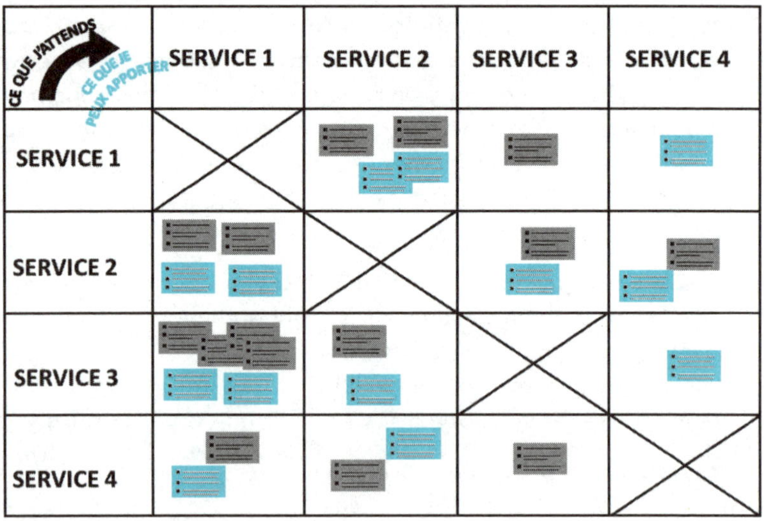

Les représentants de chaque service étant regroupés, distribuez des post-it de deux couleurs à chacun des groupes.

L'atelier se déroule en trois phases :

- **Réflexion :**
  - En utilisant la première couleur de post-it, chaque groupe/service indique ce qu'il attend des autres services (utiliser un post-it par item et par service).

- En utilisant la seconde couleur de post-it, il indique ce qu'il peut apporter aux autres services (toujours un post-it par item et par service).

- **Partage :** chaque groupe colle ses post-it dans les cases correspondantes de la matrice, puis prend connaissance des besoins et apports des autres services.
  Notez que, pour un service, la pose des post-it s'opère par ligne, tandis que la lecture des besoins et apports des autres services se fait par colonne.
- **Échange :**
  - Si le nombre de services est inférieur ou égal à quatre, organisez l'échange en rapprochant les services deux à deux, sur plusieurs séquences.
  - Si le nombre de services est supérieur à quatre, chaque service débriefe isolément dans un premier temps, et fait une restitution à l'ensemble des participants dans un second temps.

Dans tous les cas de figure, demandez à chaque service ce qui les a surpris ainsi que les trois points, apports ou besoins d'autres services qu'il retient (pour les apports) ou sur lesquels il s'engage (pour les besoins).

Dans le film éponyme, la Matrix s'interposait entre les hommes et la réalité et leur imposait une simulation de la réalité. Ici, vous l'avez compris, c'est tout l'inverse. Cette matrice est plutôt la pilule rouge[1] qui permet d'accéder à la réalité du système ! Et d'en tirer au moins ces trois bénéfices pour votre organisation :

1. Dans une des séquences les plus mémorables de *Matrix*, un choix métaphorique entre deux pilules est proposé au héros : la bleue qui le ramène à l'ignorance et la rouge qui l'engage irréversiblement vers une nouvelle compréhension du monde. L'expression « *he's been redpilled* » (il a pris la pilule rouge) est entrée dans le langage courant en anglais. Il s'applique à ceux qui ne voient plus les choses de la même manière...

- Passer d'une communication implicite du type « je pense qu'il pense que j'ai besoin de… » à une communication explicite « j'ai besoin de… et je peux apporter… ».
- Créer de la prévisibilité. À l'issue de ces échanges, les équipes se connaissent mieux et peuvent anticiper sur les réactions des uns et des autres.
- Créer du sens, car cette matrice permet à chacun de valider que ce qu'il apporte et ce qu'il attend est vraiment utile.

#42

REDONNEZ LA PÊCHE GRÂCE AU MARCHÉ AUX POISSONS DE SEATTLE

En 1986, John Yokoyama vient de reprendre la poissonnerie familiale située à Pike Place, marché de gros de Seattle. L'entreprise va mal et il a besoin de 50 000 dollars. Il n'a pas cette somme, mais sa belle-mère la lui prête. En revanche, que faire pour développer et pérenniser cette entreprise ? Engager de nouveaux employés ? Compliqué, car vendre du poisson n'est pas l'activité la plus glamour du monde : elle implique de se lever vers 3 heures du matin, travailler 60 heures par semaine les mains dans la glace, sentir le poisson même après trois douches, sans parler du salaire de misère.

John décide alors de faire avec son équipe actuelle, mais différemment. Alors qu'il a toujours été un patron décidant de tout, il réunit ses quinze employés pour échanger : « Nous ne pouvons plus continuer à travailler comme avant : soit on coule, soit on nage plus vite. » À la surprise générale, un des poissonniers suggère : « Et si nous devenions mondialement célèbres ? » Tout le monde se regarde, incrédule, puis les interrogations fusent : « Mondialement célèbres, ça veut dire quoi concrètement ? », « Qui va s'intéresser à une poissonnerie de quinze personnes à Seattle ? », « Comment devenir célèbre alors que nous n'avons que quelques mois de trésorerie devant nous ? »

Au fil des séances, malgré les sceptiques, l'équipe finit par se donner comme ambition de devenir « The World Famous Pike Place Fish Market », rien de moins ! Devenir célèbre passera par la qualité de la relation que les quinze équipiers instaureront avec leurs clients. L'idée principale étant de changer de posture et de métier : « Il ne s'agit plus de vendre du poisson, mais de délivrer un service extraordinaire, de faire vivre un moment unique à toutes les personnes qui entreront en contact avec nous. »

La volonté de faire vivre un moment unique à tous les clients.

Avec l'aide du cabinet-conseil Charthouse, John Yokoyama décide de raconter et d'expliquer les quatre grands principes qui guident son action depuis 1986 dans un ouvrage intitulé *The Fish! Philosophy*, qui s'est vendu à plus de cinq millions d'exemplaires dans le monde. Pourquoi vous raconter cette histoire ? Parce que ces quatre principes sont simples, quasi universels et qu'ils s'appliquent parfaitement à vos workshops. Ils se retiennent facilement[1] et constituent une check-list de référence utile pour préparer, dérouler ou débriefer votre atelier.

Inspirez-vous des quatre piliers de la philosophie du poisson !

Dans l'ordre (qui est important), voici les quatre principes de la Fish Philosophy, ou philosophie du poisson si vous préférez :

1. Choisir son attitude.
2. Être présent.
3. Illuminer la journée des autres.
4. Jouer.

CHOISIR SON ATTITUDE

Notre relation au monde relève de notre propre responsabilité. Nous pouvons considérer un ciel gris de deux façons : quelle

1. Voici un moyen mnémotechnique simple pour retenir les quatre piliers de la philosophie du poisson, retenez la phrase « **Cho**u**et**te **il**s **joue**nt » : Choisir son attitude (**Cho**), Être présent (**et**), Illuminer la journée des autres (**il**), Jouer (**joue**).

tristesse, ou quelle chance, il ne pleut pas et nous pouvons rouler à vélo. Un seul événement pour deux attitudes différentes. Ce qui nous arrive n'est ni bien ni mal, ni positif ni négatif. Si nous nous focalisons sur le pire, nous ne manquerons pas de le trouver, tandis que si nous choisissons de voir et d'exploiter les opportunités, nous développerons notre optimisme... et nos chances de succès.

Lors d'un workshop, les imprévus peuvent être nombreux : une intervention malveillante, une attaque ou une excellente surprise. Ces circonstances ne doivent pas piloter notre bonne humeur ni notre disponibilité d'esprit : nous pouvons choisir de les accueillir et voir les choses du bon côté. À nous de faire le bon choix !

Nous pouvons choisir notre façon de réagir à ce qui nous arrive.

ÊTRE PRÉSENT

Être présent consiste à être dans l'ici et le maintenant. Vous êtes concentrés sur les personnes avec lesquelles vous échangez, vous les écoutez, vous les regardez droit dans les yeux. Être présent, c'est donner de la reconnaissance et de la considération aux gens, leur montrer qu'ils sont importants. Ainsi, vous leur donnez de l'énergie.

Dans combien de réunions vos collaborateurs sont-ils ailleurs : en train de lire leurs mails, leurs SMS, ou de préparer leur propre intervention[1] (cf. règle d'or #24) ? Ce genre d'attitude est très démotivante pour ceux qui présentent leur travail. Si les modalités de réunions ne sont pas efficaces, changez-en.

Lors d'un entretien en face à face, répondez-vous au téléphone ou regardez-vous vos mails ? Si quelqu'un l'a fait devant vous, vous

1. « Pour moi, le pire des cauchemars quand je suis en réunion, c'est de m'apercevoir que je suis en train de préparer la réunion suivante... », rapporte Julie Lavenu, patronne du lab. « La Chocolaterie » d'EDF.

avez certainement ressenti une désagréable impression d'inutilité ! Soyez attentif à chacune des personnes que vous réunissez, vous prendrez plus de plaisir à l'échange, et eux vous en seront reconnaissants.

Déconnectez-vous !

Vous vous réunissez avec votre équipe ? Coupez vos alertes e-mail et mettez votre téléphone en mode avion.

Mesure plus radicale pour éviter les perturbations : paramétrez votre logiciel de messagerie pour recevoir vos e-mails deux fois par jour, à midi et à 17 heures. Méfiez-vous, car cette bonne pratique risque de vous plaire et vous serez tenté de la mettre en œuvre 7 jours sur 7.

ILLUMINER LA JOURNÉE DES AUTRES

Des feed-back sincères et positifs nous donnent de l'énergie et contribuent à nous rendre plus heureux.

Illuminer la journée de quelqu'un consiste à avoir un geste attentionné, un échange sincère, une parole sympathique qui transformera une rencontre anodine en un souvenir marquant. Il suffit souvent d'un compliment ou d'une gentillesse inattendue pour illuminer une journée ! Montrer de l'intérêt pour le travail d'un collaborateur, donner des feed-back positifs permet d'illuminer la vie des gens, de leur donner de l'énergie et de les rendre plus heureux.

Il s'agit du point fort des poissonniers de Pike Place. Peu importe que les clients achètent du poisson, l'essentiel est de les rendre heureux et de leur (re)donner le sourire en faisant le show !

JOUER

Évoquer le jeu dans nos organisations est souvent considéré comme suspect. Implicitement le message est : « T'es sérieux, jouer dans la boîte ? Et pourquoi pas se mettre en short ? » Comme si, pour paraphraser G.K. Chesterton[1], on considérait à tort que l'opposé du ludique était le sérieux. Le ludique a pour opposé le non-ludique, et rien d'autre !

Toute tâche s'accomplit plus aisément lorsqu'elle est envisagée de façon ludique. Effectuer les tâches sérieuses avec entrain et spontanéité génère de l'engagement et de la créativité. C'est aussi un état d'esprit qui permet de traiter les « corvées » quotidiennes avec plus d'énergie. Certaines peuvent même finir par être drôles...

Développer un côté ludique dans vos workshops, rendre les sujets rébarbatifs plus légers grâce au jeu, favorise l'installation d'un climat détendu, dans lequel il est plus facile d'échanger et d'aborder les vrais problèmes.

JOUER... ENCORE ET TOUJOURS !

Nous vous conseillons de visionner la vidéo[2] présentant les poissonniers de Pike Place Market, dans laquelle vous pourrez constater l'omniprésence du jeu dans leur quotidien. Les poissonniers se lancent des saumons du Pacifique tels un quarterback et un running back se transmettant un ballon de football américain.

1. L'écrivain anglais G.K. Chesterton, piqué par son confrère J. McCabe qui lui reprochait d'avoir inclus l'humour dans ses écrits sérieux, lui répondit :« M. McCabe pense que je ne suis pas sérieux, mais juste drôle, parce que M. McCabe pense que drôle est le contraire de sérieux. Drôle est le contraire de pas drôle, et de rien d'autre [...] En ce sens, les deux qualités d'amusement et de sérieux n'ont rien à voir l'une avec l'autre, elles ne sont pas plus comparables que le noir et le triangulaire. »

2. https://www.youtube.com/watch?v=_AAQT6ifGys

Voici un autre exemple d'utilisation du jeu dans une entreprise.

Davidson Consulting, entreprise française numéro 1 quatre années de suite au classement « Great Place to Work » (en France et en Europe), a conçu et utilise au quotidien une boîte de jeux intitulée « Management Games ».

Le principe est simple. Davidson a identifié et choisi douze bonnes pratiques classées en trois thèmes : business, efficacité personnelle et collective, management. Elles constituent les incontournables du métier du cabinet.

Le rituel de suivi du portefeuille commercial n'est généralement pas ce que préfèrent les commerciaux. Chez Davidson Consulting, cet entretien bilatéral s'intitule « Fast and Furious ». Tous les trimestres, le joueur remplit les différents taux de transformation en remplissant la fiche ci-dessous. Mettre du jeu dans le suivi d'un plan d'action commercial consiste à faire les choses sérieusement sans se prendre au sérieux. L'entretien « Fast and Furious », en faisant baisser la pression de l'enjeu, rend l'échange entre le collaborateur et le manager plus fluide.

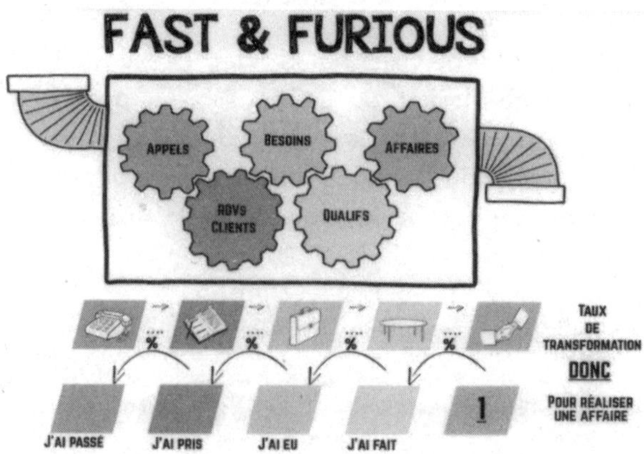

La Fish Philosophy a permis à John Yokoyama et à son équipe d'identifier leur raison d'être : contribuer à changer la journée de leurs clients. Ils y trouvent un sens qui est le prérequis à la réussite financière de l'entreprise (le marché de Pike Place est aujourd'hui extrêmement rentable) et qui va au-delà de l'objectif initial de devenir mondialement célèbre.

Ses quatre piliers sont robustes. Inspirés de la philosophie bouddhiste, ils portent une façon de voir et de vivre différentes. Invoquez-les un à un pour vous questionner lors de la préparation de vos animations : « Suis-je prêt à accueillir les impondérables de ce workshop avec optimisme (cf. règle d'or #35) ? Comment puis-je amener du jeu dans cette séquence ? Aujourd'hui, de qui puis-je illuminer la journée, et comment ? »

CHAPITRE 3

Après

Être meilleur ne s'arrête jamais

C'est fini ? Pas tout à fait...

Comment progresser ? Comment savoir si la magie a opéré ? Certes vous avez une opinion, des données objectives. Vous avez démarré et terminé à l'heure. Les décisions programmées ont été prises. Toutes les personnes concernées se sont exprimées... et certains ont même eu un mot aimable à votre attention à la fin de la réunion.

L'essentiel est ailleurs. Comment savoir ce que pensent vraiment les participants ?

Cette dernière partie vous aidera à pratiquer avec humilité et efficacité l'art subtil de l'écoute. Grâce à quelques moyens simples et astucieux vous saurez vraiment ce qui s'est passé... pour faire encore mieux la prochaine fois.

#43

VOUS VOUS SURESTIMEZ ET C'EST NORMAL...

Le biais de confiance nous empêche d'évaluer nos talents d'animateur. Pour y arriver, ouvrez vos yeux et vos oreilles.

Le biais de confiance

En avril 1912, Philippe Franklin, l'armateur du *Titanic*, déclare : « Nous avons une confiance absolue dans le *Titanic*. Nous pensons que le navire est insubmersible. » Lors de son voyage inaugural, le navire coule en moins de trois heures. Sur les 2 200 passagers, 1 500 décèdent.

Ce tragique rappel illustre un de nos biais cognitifs le plus marqué : le biais de confiance. Nous nous surestimons considérablement dans tous les domaines : 93 % des conducteurs américains se considèrent comme faisant partie des 50 % de la population conduisant le mieux. 95 % des étudiants des MBA de Stanford pensent faire partie des 50 % les mieux évalués par leurs professeurs, dont 94 % pensent faire partie des 50 % des professeurs les plus performants...

En ce qui concerne nos meetings, une étude 2018 menée par Microsoft et Verizon sur plus de 1 300 réunions révèle que 79 % des animateurs considèrent que le meeting a été extrêmement productif quand ils l'animent eux-mêmes. À l'inverse, lorsque le même animateur redevient un simple participant à un workshop, il évalue le travail de son collègue animateur comme extrêmement productif à seulement... 56 %.

L'IMAGE QUE VOUS AVEZ DE VOUS-MÊME N'EST PAS LA BONNE

C'est un peu comme si vous vous regardiez tous les matins dans une glace amincissante car vous ne supportez pas vos cinq kilos en trop. L'image que vous avez de vous-même est bien meilleure qu'elle n'est en réalité.

Comme nous l'avons rappelé au début de cet ouvrage, les meetings sont considérés, avant même qu'ils ne démarrent, comme une des plus grandes peines de nos organisations. Et, raison supplémentaire de les détester, ils sont une perte de temps...

Les signaux à surveiller

Pour éviter de se surestimer systématiquement, il suffit de se montrer davantage attentif à certains signes de décrochage. Si vous observez tout ou partie des comportements suivants, c'est que votre animation n'est pas au top :

- **Les participants utilisent leur smartphone et tentent de « multitasker ».**
- **Les conversations en aparté montent en puissance.**
- **Un ou deux participants monopolisent la discussion : cela indique soit que l'ordre du jour de la réunion concerne plus certaines personnes que d'autres, soit que vous n'avez pas su créer la « sécurité psychologique » permettant à chacun s'exprimer sereinement.**

Ces signaux sont des feed-back dont vous devez tenir compte.

RÉAPPRENEZ À OUVRIR LES YEUX

Comme le formulent les coachs érudits, il s'agit d'un problème systémique. Andy Groove, le fondateur d'Intel, est un des rares patrons à s'être passionné pour l'importance des meetings. Pendant des années, il a animé des formations sur l'animation de réunions. Car animer s'apprend. Or, à notre connaissance (et nous avons cherché), il n'existe aucun cursus formant les futurs managers à la compétence d'animateur au sein d'universités, d'écoles d'ingénieurs ou d'écoles de commerce.

Sans feed-back individuel régulier, vous ne pouvez progresser. S'il suffisait de lire avec attention un livre de recettes pour devenir un chef étoilé, cela se saurait. Il en est de même pour vos meetings. La compétence d'animation s'acquiert par accumulation d'expériences, par essais et erreurs et par du feed-back régulier. Vous trouverez dans les annexes I, II et III des grilles d'analyse de la qualité. Utilisez-les régulièrement, une fois par trimestre. Des outils online faciles d'utilisation, tels Slido ou Google Forms, sont tout à fait adaptés pour ce type d'enquête.

Comme nous l'avons indiqué précédemment, de plus en plus de nos clients succombent au charme de l'agilité et des SUM (Stand-Up Meetings pour ceux qui ne parlent pas couramment la novlangue Agile).

> C'est le cas par exemple du CENCEP, service de développement informatique de la Banque de France dirigé par Valéry Simon. Tous les lundis matin, l'ensemble des managers se réunit debout sur un format de 30 à 45 minutes. L'objectif est d'entendre et de coordonner l'action des uns et des autres sur chaque itération informatique...

Nous partageons en annexe IV une grille d'analyse des SUM de 15 minutes d'une équipe de commerciaux : au bout de 10 meetings (donc de 10 semaines), le manager adresse aux participants cette « Survey Monkey ». La onzième réunion dure 30 minutes : 15 sont consacrées aux sujets habituels et 15 aux résultats de l'enquête.

Être conscient du biais de confiance, se former et récupérer du feed-back : tout ceci contribuera à vous rendre meilleur, mais ce n'est pas suffisant. Vous devez vous demander : quelle image de vous-même voulez-vous donner ?

C'est l'objet de la prochaine règle d'or.

#44

RÉUSSISSEZ VOTRE SORTIE

Votre réunion de lancement avec la nouvelle équipe a été un succès. Vous avez tenu l'ordre du jour, les interactions ont été nombreuses et de qualité. Les décisions qui devaient être prises l'ont été. Tout le monde est satisfait... Enfin, du moins est-ce ce que vous pensez. Et si vous vous trompiez ? Pour le savoir, nous vous proposons d'interroger vos participants en mode workshop grâce au Keep Drop Start (KDS).

Finissez par un « Keep Drop Start ».

LE KEEP DROP START, QUÈSACO ?

La rétrospective, un moment important

Issue des méthodes agiles, la rétrospective est un moment d'examen collectif de ce qui s'est passé. Faite à intervalles réguliers (au minimum toutes les trois réunions de travail), cette prise de recul collective permet de trouver ensemble des moyens d'améliorer le fonctionnement du groupe.

Le Keep Drop Start est une manière engageante de faire une rétrospective. Pour ce faire, nous vous proposons d'utiliser le tableau suivant.

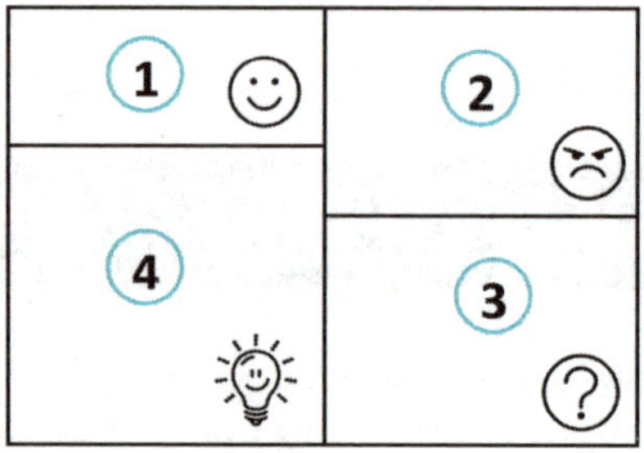

– Case 1 : ce qui fonctionne bien, ce qu'il faut garder (KEEP).
– Case 2 : ce qui fonctionne moins bien, ce qu'il faut supprimer (DROP).
– Case 3 : ce qui reste mystérieux, les questions en suspens, les interrogations (?).
– Case 4 : ce qui fonctionnerait bien si…, ce qu'il faudrait faire (START).

- **Phase 1**
  Chaque participant réfléchit individuellement, en notant une idée par post-it (lisible pour les préretraités de plus de 40 ans, donc écrite en GROS caractères) en mode tweet (maximum 280 caractères). No limit sur le nombre de post-it par personne.
- **Phase 2**
  Chaque personne pose ensuite, à tour de rôle, un post-it sur le tableau dans une des quatre cases et lit ce qu'elle a écrit. Elle commente si nécessaire.
  Conseil de coach : En commençant par les idées les plus importantes, vous maîtriserez mieux le timing de votre workshop… et vous pourrez décider d'arrêter à n'importe quel moment.
- **Phase 3**
  Un facilitateur rassemble les idées par thématiques, et l'équipe vote (à main levée ou avec des gommettes) pour les points sur lesquels elle veut débattre.

L'équipe décide ensuite d'un plan d'action (trois maximum) à mettre en œuvre.

Les do et don't du KDS

Ne râlez pas si, au début, peu d'actions émergent. C'est déjà bien que les gens aient un regard critique et constructif sur la manière dont ça se passe. Le nombre d'avis augmentera avec l'habitude de la rétrospective.

Par expérience, les gens sont trop gourmands, et c'est une grave erreur : évitez la liste d'actions à la Prévert et concentrez-vous sur une action. Ce qui compte, c'est la mise en mouvement : montrer que ça bouge, prouver que ça marche. Plus tard, il sera plus facile de passer aux points suivants, car vous aurez déjà une belle histoire réussie à votre actif.

Le groupe a la mémoire courte et oublie parfois ce qui s'est dit d'une rétrospective à l'autre. Aidez-les à retrouver la mémoire en leur posant simplement la question : « Quels engagements avons-nous pris la dernière fois ? » C'est plus responsabilisant !

Variez les techniques de rétrospective pour éviter la paresse du train qui roule et redonner de l'acuité au regard critique du groupe. Vous pouvez ainsi passer aux métaphores : par exemple, une fleur et ses pétales (chaque partie ayant une fonction) ou le Speed Boat (cf. règle d'or #39).

#45

ET ÇA S'EST BIEN PASSÉ ?

Il est 18 heures. Tel Maître Yoda, vous quittez la réunion apaisé et rasséréné.

Elle a démarré à l'heure et vous avez respecté huit règles simples (cf. règles d'or #5, 8 & 9) :

AVANT

- Je définis un ordre du jour avec le temps juste nécessaire par séquence.
- Je définis le format adéquat à huit personnes maximum.
- Je prépare la réunion avec le nombre de slides correspondant au temps alloué.
- J'informe les participants de l'ordre du jour deux jours avant.

PENDANT

- Je maîtrise le temps.
- J'oriente les débats vers la décision. Et si aucune décision ne peut être prise, j'oriente rapidement vers le niveau supérieur.
- Je conclus par une synthèse.

APRÈS

- Je rédige un relevé de décisions que j'envoie dans les 24 heures.

Super, on a évité l'ambiance « Café du Commerce » et vous avez un bon feeling.

Mais, au fond, êtes-vous sûr que la réunion se soit bien passée ? Vous avez respecté le cadre, mais qu'en pensent les participants ?

ARRÊTEZ LA TÉLÉPATHIE : PRENEZ LA TEMPÉRATURE EN LES METTANT À LA PORTE

La télépathie fonctionnant assez mal (on vous promet, on a essayé et les résultats sont très mitigés...), nous vous proposons de vous connecter à vos participants autrement. Voici quelques conseils permettant de challenger leur responsabilité peu sollicitée par les huit règles/injonctions précédentes.

- Ne faites pas d'évaluation de réunion notée sur une échelle de 1 à 5, avec diffusion publique. Pratique désastreuse, extrêmement coercitive, avec un parfum rance de régime totalitaire. Et pour les animateurs les plus manipulateurs, la tentation de privilégier la séduction à l'efficacité.
- Faites compléter vos huit règles par trois formats inspirants (moments de légèreté).

TROIS MÉTHODES QUI CULTIVENT UN ESPRIT COLLECTIF ET CONSTRUCTIF EN FIN DE RÉUNION

- **La « météo pour la route »**
  C'est la méthode la plus simple et la plus facile à mettre en œuvre.
  - Préparation : sur un paperboard, on fait trois dessins : un soleil, un soleil caché par des nuages, des éclairs.
  - Chacun vient écrire son nom (ou une croix) sous le pictogramme correspondant à son état d'esprit à la fin de la réunion, puis il donne deux points positifs et un point d'amélioration.

Pourquoi faut-il le faire ? Pour trois raisons : cela développe une culture de responsabilité collective sur la qualité des réunions, cela permet à chacun d'être écouté sur ce qui s'est passé pour lui/ce qu'il a vécu, cela développe une habitude de feed-back constructif dans l'équipe.

- **Le « feed-back door »**

  – Préparation : quelques minutes avant la fin de votre meeting, placez trois post-it vert, jaune et rouge sur la porte de sortie. Sur le post-it vert, dessinez un smiley souriant ; sur le post-it jaune, un smiley neutre ; sur le post-it rouge, un smiley qui grimace.
  – Chaque participant reçoit un post-it de chaque couleur, sur lequel il écrit distinctement un message court correspondant à chaque niveau de satisfaction. Il les pose ensuite sur la porte, sans commentaire, avant de quitter la réunion.

Par exemple, il écrira sur le post-it vert : « projet X très clair » ; sur le jaune : « valorisation différente dans le budget ! » ; sur le rouge : « reporting trop long ».

  – À l'animateur de faire seul, après la réunion, la synthèse des feed-back. Et pour que la pratique vertueuse perdure, cette synthèse doit être restituée en ouverture de la réunion suivante.

L'intérêt de cette pratique est double : rapide et quasi anonyme, elle permet d'avoir un feed-back plus proche de la réalité de chaque individu sans influence du groupe.

Les « 3 A »

L'objectif est l'amélioration continue du fonctionnement collectif.

Chaque participant donne son avis sur le fonctionnement du groupe en se prononçant sur trois items :
- Appréciation : « Comment ai-je vécu cette réunion ? » C'est le feeling, le point de vue subjectif.
- Apprentissage : « Qu'est-ce que cette réunion m'a fait découvrir ? »
- Application : « Est-ce que je suis à l'aise pour mettre en œuvre telles actions ? »

#46

LAST CALL !

Selon Louis Jouvet[1], à qui un jeune comédien demandait conseil pour mener à bien sa carrière : « Le principal, c'est de réussir ton entrée en scène et ta sortie. Entre les deux, tu te débrouilles. » Cette remarque, marquée au coin du bon sens, s'applique également à nos meetings. Plusieurs règles d'or ont abordé l'importance de bien démarrer : il en est de même pour clôturer une réunion.

Une sortie de scène se prépare et doit marquer positivement les esprits des participants.

Comment y arriver ? Par le « last call », bien sûr !

QU'EST-CE QU'UN LAST CALL ?

Dans n'importe quel bar du monde, les barmen annoncent bruyamment, quelques minutes avant la fin, la fermeture de leurs établissements. Pourquoi ? Pour vous préparer à quitter les lieux et à terminer ce que vous êtes en train de faire. Par exemple, c'est le moment de prendre un dernier verre, de demander le numéro de portable à la charmante personne avec qui vous discutez depuis une heure ou de fixer un prochain rendez-vous avec votre client dans un endroit plus calme pour finaliser votre discussion professionnelle.

Le last call n'est pas la fin de votre réunion : elle en est la bande-annonce. Vous n'avez pas forcément à l'annoncer verbalement. Un collègue suisse utilise systématiquement une grosse cloche de vache pour prévenir de la fin imminente de son animation. Plusieurs

1. Acteur de cinéma et de théâtre de la première moitié du XXe siècle.

de nos clients demandent à leur assistant de frapper à la porte de la réunion cinq minutes avant la fin, de façon à prévenir chacun que le meeting arrive à son terme.

Le last call : la bande-annonce de la fin de votre réunion.

Lorsque vous vous réunissez sur un format d'une journée, nous vous conseillons d'annoncer votre last call 15 minutes avant la fin. Vous pouvez le faire avec l'aide d'une tablette indiquant un compte à rebours visible par tous les participants. La pression d'un chronomètre est un excellent moyen pour éviter les réunions qui débordent. Attention toutefois, au terme du décompte, à laisser l'intervenant en cours finir sa phrase.

Annoncez votre last call 15 minutes avant la fin.

FAUT-IL ÊTRE UN DOGMATIQUE DU CHRONOMÈTRE ?

En tant qu'animateur, il vous revient d'annoncer la fin de la réunion, mais sachez que parfois, la bonne décision consiste à décaler votre last call. Lors d'un séminaire sur plusieurs jours, il n'est pas rare que des conversations déterminantes animent le dîner. Lorsque la journée a été riche en émotions ou en discussions (trop ?) consensuelles, la fatigue, le vin, l'informalité d'un repas peuvent faciliter des discussions directes et nécessiter un report du last call.

Souvent, le last call démarre par un check-out effectué lors d'un tour de table. Chaque personne partage en quelques mots ce qu'elle a vécu et ressenti durant la session. Il peut arriver qu'un des participants vous apostrophe en mode : « Je pense que nous sommes presque arrivés quelque part. Si nous allons nous coucher sans finir cette discussion, nous repartirons avec un sentiment d'inachevé. J'aimerais continuer notre échange et que vous décaliez la fin de ce meeting. » Si la majorité du groupe accepte, vous devez accéder à sa requête, c'est-à-dire décaler votre annonce de last call, demander de combien de temps supplémentaire le groupe souhaite bénéficier puis lui laisser la main.

PROFITEZ-EN POUR ABORDER LES DEUX INCONTOURNABLES

- **La logistique**
  Dans le cadre de séminaires sur plusieurs jours, il est essentiel pour les participants de connaître l'horaire d'arrivée des taxis, navettes et autres moyens de transport, mais vous ne devez pas laisser partir vos invités sur des informations aussi peu inspirantes...
- **Les remerciements**

Vous voulez jouer collectif ? Honorez collectivement.

  Lors des remerciements, trop souvent, le protocole prend le dessus. Vous remerciez le directeur général d'avoir participé ; la directrice de la communication de vous avoir trouvé un lieu de rêve... Ce mode opératoire ressemble davantage à un résumé d'un profil LinkedIn qu'à de sincères remerciements. Évitez les remerciements qui renvoient aux jobs des personnes et à leur champ de responsabilité. À la place, honorez-les collectivement pour leur contribution, pour ce qu'ils ont fait et non pas pour ce qu'ils sont. À remercier individuellement, vous prenez le risque d'oublier une personne clé. Rien ne vous empêche de faire un feed-back individuel positif, en aparté ou quelques jours plus tard, à une personne en particulier.

Comme vous l'avez compris, le last call n'est pas la fin. Alors, comment clôturer réellement ? C'est l'objet de la prochaine règle.

#47

RÉSERVEZ UN VRAI MOMENT POUR CONCLURE VOTRE WORKSHOP

Avec quoi repartons-nous d'un meeting ? Trop souvent, la réponse frise le néant, alors que ce moment collectif devrait impacter d'autres séquences de notre vie professionnelle. Or vos réunions sont des parenthèses dans un tourbillon d'actions qui doivent vous connecter aux autres et vous faire réfléchir sur vos pratiques, vos croyances, vos convictions et vous-même. Pour réussir votre conclusion, abordez trois aspects : la recherche de sens, la dernière connexion et le retour au quotidien.

Une vraie conclusion touche la tête, le cœur et les tripes, connecte les participants une dernière fois et prépare le retour au quotidien.

TOUCHEZ LA TÊTE, LE CŒUR ET LES TRIPES

Tout d'abord, demandez à chaque participant de se poser des questions telles que : « Qu'est-ce qui transpire de cette réunion ? En quoi ce que nous avons partagé me touche au cœur, aux tripes et à la tête ?» Le piège courant d'un séminaire est de ne « nourrir que la tête », c'est-à-dire d'apporter à tout prix des savoirs académiques et des méthodes. Cela ne marche pas. Pourquoi ? Parce que vos entreprises croulent déjà sous les méthodes, les boîtes à outils et les « best practices »... Ne rendez pas le mille-feuille encore plus indigeste. Plus le format de votre meeting est long (un jour et plus), plus vous devez finir en touchant le cœur et les tripes des participants.

Après l'annonce du last call, faites l'inventaire de ce que vous retenez de ce meeting. Il existe trois options pour la synthèse :

- Si votre budget le permet, faites appel à un humoriste.

Les Ted Talks se terminent régulièrement par une conclusion de 15 minutes réalisée par un comédien, telle l'édition Tedx Paris 2014 avec l'humoriste Vinvin.

- Une option moins onéreuse consiste à demander à un facilitateur graphique de résumer en quelques dessins les points clés de la journée.
- La dernière option ne coûte que le prix d'une enveloppe timbrée et d'une carte postale que vous remettez à chaque participant. Demandez-leur d'écrire leur adresse personnelle sur l'enveloppe et d'y glisser la carte postale, sur laquelle ils auront écrit leurs réponses aux deux questions suivantes : « Qu'est-ce qui m'a touché dans ce séminaire ? Qu'est-ce que j'ai envie de faire, de faire mieux et de faire différemment ? » Récupérez l'ensemble des lettres et, un mois plus tard, adressez à chacun son propre courrier. Par expérience, recevoir une carte postale écrite de sa propre main (et à laquelle on ne pensait plus) suscite une émotion qui se vit plus qu'elle ne se raconte...

TRAVAILLEZ LA DERNIÈRE CONNEXION

Une dernière fois, connectez-vous les uns aux autres pour vous rappeler ce que vous avez fait et qui vous êtes. Deux approches sont possibles :

- Si vous êtes orienté « plan d'actions », demandez aux participants de s'engager sur une action à trois jours, trois semaines et à trois mois. Attention : le risque est d'allonger une liste de choses à faire déjà... indigeste.
- Si vous voulez renforcer le lien entre les participants, choisissez des questions porteuses de sens à partager ensemble, qui leur donneront envie de garder le contact au terme du séminaire.

L'exercice « Dernières remarques » permet d'atteindre ce second objectif. Demandez à chaque participant de prendre cinq minutes de réflexion pour répondre à la question : « Que voudriez-vous partager avec ce groupe si vous étiez à la fin de votre vie ? » Laissez chaque personne s'exprimer deux minutes. Certains lisent des poèmes, d'autres racontent des histoires personnelles ou partagent leurs croyances et convictions.

Cela peut être motivant, touchant, triste ou drôle, mais dans tous les cas cela scelle davantage le lien entre les participants. En confrontant le groupe à une mortalité métaphorique avant de se disperser, vous encouragez sa mise à nu. Cela partage le message « voilà qui nous sommes : ouverts, vulnérables, réfléchis, compliqués ». Par ce questionnement décalé, vous soudez la tribu et faites réfléchir les gens à ce qui a du sens pour eux, à ce qui compte vraiment à leurs yeux.

PRÉPAREZ LE RETOUR DANS LA « VRAIE VIE »

Vous devez également préparer vos participants au retour dans leur quotidien. Il peut y avoir une certaine appréhension générant des questions telles que : « Que vais-je pouvoir partager ? Comment planter les graines de ce que j'ai appris dans un terreau souvent infertile ? »

Réunissez vos participants en sous-groupes pendant quelques minutes en leur demandant de répondre aux questions suivantes :

- Comment vous sentez-vous ?
- Qu'est-ce que vous rapportez à la maison/au bureau ?
- Qu'est-ce qui vous inquiète ?
- Qu'est-ce qui vous excite ?
- Quels sont les problèmes que vous aurez à résoudre ?

Partager ce qui a été partagé

Plusieurs dirigeants interviewés dans le cadre de cet ouvrage parlent de l'importance du « ruissellement » : comme chacun ne peut assister à toutes les formations et tous les séminaires proposés par son entreprise, il est essentiel que chaque participant partage ce qu'il a vécu/appris à ses collègues. De nombreux ouvrages, notamment *FYI, For Your Improvement,* de Michael M. Lombardo et Robert W. Eichinger, démontrent que l'apprentissage *via* ses pairs est deux fois plus efficace que celui issu de lectures ou de vidéos.

#48

LE DERNIER INSTANT…

Vous avez annoncé votre last call et gardé un moment pour conclure, vous avez aidé vos participants à s'interroger sur eux-mêmes et à se préparer à leur retour dans la « vraie vie ».

Il ne reste que quelques minutes. Que faire pour que tous les participants repartent inspirés, le sourire aux lèvres ?

Une conclusion se doit d'être positive et de rappeler la finalité de la rencontre.

> Une de nos collègues enseigne le management dans une grande école de commerce. À la fin du semestre, lors de son dernier cours, elle rappelle la finalité de son propos en projetant trois slides : la première s'intitule « Work-Life balance » ; la deuxième « Meaning » ; la troisième est un poème de John O'Donohue, « For a new beginning » (cf. annexe V), qu'elle leur lit à haute voix.
>
> C'est volontairement qu'elle ne rappelle pas les points à retenir du semestre. Elle préfère mettre ses étudiants en garde contre les difficultés qu'ils rencontreront, inévitablement, dans leur métier de manager : une charge de travail impressionnante qui pourrait les mener au burn-out, une suractivité qui pourrait leur faire perdre de vue l'essentiel, c'est-à-dire le pourquoi, le sens de leur action. Comme le rappelait Oscar Wilde, personne n'a jamais regretté sur son lit de mort de ne pas avoir assez travaillé. Il ne s'agit pas d'être occupé : les fourmis le sont. Il s'agit de savoir ce qui nous occupe.

À la fin de la lecture de ce poème, elle demande à ses étudiants de respecter une minute de silence. Finir de la sorte renforce la solennité portée par ses trois slides.

Vous pouvez également vous inspirer des bonnes pratiques des joueurs de rugby. Ceux qui réussissent dans ce sport de combat savent que les valeurs morales sont toutes aussi importantes que les qualités physiques. À la fin d'un match, dans l'intimité du vestiaire, les joueurs se réunissent en cercle. Faites de même à la fin d'un séminaire (d'une demi-journée au minimum) en lisant les verbatims que vous avez relevés chez les participants. En rappelant leurs propres mots, vous cristallisez les points importants. Vous leur remémorez ce qu'ils ont fait ensemble. Après avoir lu ces verbatims, rangez vos pages de notes et marquez une pause de quelques secondes puis annoncez : « Je déclare cette session terminée. » Applaudissez et « relâchez » vos participants. Généralement, l'ensemble de l'auditoire applaudit dans la foulée.

Quel que soit votre choix de conclusion, soyez authentique et en accord avec le contexte.

Annexes

Annexe I

QUESTIONNAIRE « PRÉPARATIFS DE LA RÉUNION »

Lisez les affirmations ci-dessous portant sur la préparation de la réunion. Indiquez le pourcentage de fois où elles se sont avérées vraies lors de vos réunions du mois dernier.

Préparatifs de la réunion	**% de temps (fois) où cela s'est produit**
1. Les buts de la réunion n'ont pas été clairement définis.	
2. Les participants n'ont pas participé à l'élaboration de l'ordre du jour.	
3. Aucun ordre du jour n'a été fourni aux participants avant la réunion.	
4. Les éléments nécessaires à la réunion n'ont pas été distribués en amont.	
5. Les personnes pertinentes n'ont pas été toutes invitées ou n'ont pas été toutes présentes.	
6. Trop de personnes ont été invitées à cette réunion.	
7. Des personnes qui n'étaient pas nécessaires à la réunion, compte tenu de ses objectifs, étaient présentes.	
8. La salle de réunion et ses équipements techniques n'étaient pas propices à des échanges de qualité.	
Total des pourcentages des huit items	
Total moyen des huit items (diviser le total par 8)	

Annexe II

QUESTIONNAIRES « PENDANT LA RÉUNION »

Évaluez la dynamique de la réunion selon trois angles : le temps, les relations interpersonnelles et la discussion. Puis indiquez le pourcentage de fois où ces affirmations se sont révélées justes lors de vos réunions du mois dernier.

Pendant la réunion (1) : la gestion du temps	% de temps (fois) où cela s'est produit
1. La réunion a commencé en retard.	
2. Les participants sont arrivés en retard.	
3. Les participants n'avaient pas préparé la réunion.	
4. Le leader de la réunion n'avait pas préparé la réunion.	
5. Le temps prévu pour la réunion était plus long que nécessaire.	
6. Le temps n'a pas été utilisé efficacement.	
7. On a eu le sentiment d'être à la bourre.	
8. La réunion s'est terminée en retard.	
9. La réunion n'était pas vraiment nécessaire.	
Total des pourcentages des neuf items	
Total moyen des neuf items (diviser le total par 9)	

Pendant la réunion (2) : les relations interpersonnelles	% de temps (fois) où cela s'est produit
1. Les différents points de vue des participants n'ont pas été pris en compte.	
2. Les participants n'avaient pas l'air de s'écouter.	
3. Certains participants dominaient la réunion au détriment d'autres participants.	
4. Des désaccords entre participants ont été contre-productifs.	
5. Les participants ne se traitaient pas avec respect.	
6. Les participants se sont beaucoup plaints.	
7. Les participants n'étaient pas ouverts aux idées nouvelles/avis nouveaux.	
Total des pourcentages des sept items	
Total moyen des sept items (diviser le total par 7)	

Pendant la réunion (3) : la dynamique d'échange/de discussion	% de temps (fois) où cela s'est produit
1. Les participants semblaient se retenir de parler sincèrement.	
2. Les participants n'étaient pas encouragés à participer.	
3. Les participants digressaient, ce qui empêchait la discussion d'avancer.	
4. Beaucoup de temps a été passé sur des propos hors-sujet.	
5. Des petits groupes avaient leur propre discussion.	
6. Les participants faisaient autre chose en même temps (par exemple, consultaient leur portable).	
7. Les participants n'étaient pas investis.	
8. Aucune décision importante et réfléchie n'a été prise.	
Total des pourcentages des huit items	
Total moyen des huit items (diviser le total par 8)	

Annexe III

QUESTIONNAIRE « APRÈS LA RÉUNION »

Ce qui suit concerne les activités à la fin de la réunion ou à la suite de la réunion. Indiquez le pourcentage de fois où ces affirmations se sont avérées justes lors de vos réunions du mois dernier.

Après la réunion ou la « réaction » post-réunion	% de temps (fois) où cela s'est produit
1. À la fin de la réunion, le « qui doit faire quoi » était clair.	
2. À la fin de la réunion, la synthèse des points traités et décidés était facile à faire.	
3. Après la réunion, l'animateur a vérifié si tout le monde avait fait ce qu'il avait à faire.	
Total des pourcentages des trois items	
Total moyen des trois items (diviser le total par 3)	

Annexe IV

EXEMPLE DE BILAN D'UNE RÉUNION COMMERCIALE

Voila le type de bilan que l'on peut obtenir sur des réunions commerciales.

RÉUNIONS COMMERCIALES : ENQUÊTE DE SATISFACTION

Q°1 : Quel est votre avis sur l'utilité de nos réunions commerciales ?

Réponse	%
Très utile	42,86 %
Assez utile	57,14 %
Parfois utile	0 %
Peu utile	0 %
Pas utile	0 %

Q°2: Comment mesurez-vous l'efficacité de nos réunions (de manière globale) pour ce qui est de favoriser la communication, le travail en équipe et la coordination ?

Réponse	%
Très efficace	57,14 %
Assez efficace	28,57 %
Parfois efficace	14,29 %
Peu efficace	0 %
Pas efficace du tout	0 %

Q°3 : Dans l'ensemble, êtes-vous satisfait des réunions commerciales ?		
Réponse	**Nombre d'avis**	**%**
Oui	7	100 %
Non	0	0 %

Q°4 : Selon vous, qu'est-ce qui est efficace/qui fonctionne bien lors des réunions commerciales ?
☐ « La communication a été bonne : encore plus de coopération et de mises en œuvre rapides. »
☐ « Une meilleure collaboration et une meilleure communication dans l'équipe commerciale. »
☐ « Une responsabilité mieux répartie. »
☐ « Contribue à faire avancer les choses. »
☐ « Si dorénavant, nous éliminions les obstacles aux résultats. »

Q°5 : Selon vous, qu'est-ce qui peut être amélioré/fait différemment pour rendre ces réunions encore plus efficaces ?
☐ « Continuer de rappeler aux collaborateurs de se concentrer sur les actions clés et les obstacles. »
☐ « Plus de focus sur les problématiques importantes et les grosses opportunités. »
☐ « Plus de partages de nos succès/réussites. »
☐ « Passer de « tous les jours » à 2 ou 3 fois par semaine. Je pense que les résultats et l'efficacité seraient les mêmes. »
☐ « Tout le monde doit rester davantage concentré et concis (60-90 secondes) pour les rapports quotidiens. »

Annexe V

« FOR A NEW BEGINNING[1] »

Aux endroits reculés du cœur,
Où vos pensées ne pensent jamais à errer,
Ce début a été formé doucement,
En attendant que vous soyez prêt à émerger.

Pendant longtemps, il a surveillé votre désir,
Sentant le vide grandir en vous,
Remarquant comment vous vous vouliez,
Toujours incapable de quitter ce que vous aviez dépassé.

Il te regardait jouer avec la séduction de la sécurité
Et les promesses grises que murmurait l'unicité,
Entendait les vagues d'agitation monter et se relâcher,
Je me demandais si tu vivrais toujours comme ça.

Puis la joie, quand votre courage a embrasé,
Et vous avez marché sur un nouveau terrain,
Vos yeux sont redevenus jeunes, pleins d'énergie et de rêves,
Un chemin de plénitude s'ouvrant devant vous.

Bien que votre destination ne soit pas encore claire,
Vous pouvez faire confiance à la promesse de cette ouverture ;
Déroulez-vous dans la grâce du commencement
C'est en harmonie avec le désir de votre vie.

Éveillez votre esprit à l'aventure ;
Ne rien retenir, apprendre à trouver la facilité dans le risque ;
Bientôt, vous serez chez vous à un nouveau rythme,
Car votre âme ressent le monde qui vous attend.

John O'Donohue

---

1. *Walking in Wonder : Eternal Wisdom for a Modern World*, Convergent Books. Traduction de Frédéric Rey-Millet.

REMERCIEMENTS

Ce livre c'est d'abord une intention, un enthousiasme et un acte de confiance partagés avec Florian Migairou, notre éditeur. Merci Florian pour tes conseils respectueux et ton exigence habile.

Ce livre doit également beaucoup à de nombreux acteurs de l'ombre. Leur énergie, leur conviction qu'il faut bouger les lignes et leur sens de l'innovation nous ont portés.

Tous nous ont aidés à rendre cet ouvrage meilleur. Certains ont accepté de consacrer du temps dans un agenda très chargé. C'est le cas de Ludovic Cinquin, CEO d'Octo Technology qui a alimenté notre créativité et nous a aidés à rendre notre propos plus précis et vivant.

Merci également à Valery Simon de la Banque de France pour sa capacité à sortir des sentiers battus et à innover sans cesse dans un environnement contraint et réglementé.

Merci à Julie Lavenu, patronne de la Chocolaterie, laboratoire d'innovation managériale et d'incubation chez EDF. Elle prouve chaque jour que seule l'énergie collective permet d'oser davantage et de réapprendre à travailler différemment.

Les réunions participatives et ultra-pragmatiques de Loïc Gelebart, patron à la logistique d'Air France, nous ont beaucoup inspirés. Elles sont naturellement la partie émergée de l'iceberg d'un impressionnant système de management ouvert et participatif.

Bertrand Abauzit, Director Knowledge Sharing and Cohesion, chez Saint-Gobain, nous a convaincus que les nouveaux rituels développés dans une filiale agile étaient transposables à une entreprise historique du CAC 40.

La curiosité de Frédéric Rivain, CTO de Dashlane, nous a stimulés et forcés à sortir des pièges des lieux communs.

Merci à Laurent Hardy, responsable Atelier 574 Saint-Denis & tendances digitales chez SNCF, pour sa transparence et sa volonté de hacker en permanence les workshops pour mieux jouer collectif.

Merci aussi à Christophe Carrez, rédacteur en chef de la matinale d'Europe 1, pour le temps qu'il nous a consacré lors de la genèse de cet ouvrage et pour le partage de son expérience quotidienne de production collective et créative sous contrainte.

Merci à Sophie Legras et Constance Grelet pour leur patience, leur pertinence et leur prévenance. Être bien accompagné sur les derniers kilomètres reste un must.

Enfin, merci à Fix, illustre illustrateur, toujours enthousiaste face à nos nouvelles aventures et qui ponctue cet ouvrage de son humour distancié... qui nous fait mourir de rire.

Achevé d'imprimer en avril 2020
sur les presses de la Nouvelle Imprimerie Laballery – 58500 Clamecy
Dépôt légal : avril 2020 N° d'impression : 003342
Imprimé en France

La Nouvelle Imprimerie Laballery est titulaire de la marque Imprim'Vert®